高等院校医学实验教学系列教材

生物化学与分子生物学实验

第 2 版

主 编 张志珍 刘勇军
编 委（按姓名笔画排序）
 马卫列（广东医科大学）
 兰柳波（广东医科大学）
 刘勇军（广东医科大学）
 刘新光（广东医科大学）
 张志珍（广东医科大学）
 张春龙（广东医科大学）
 陈维春（广东医科大学）
 侯 敢（广东医科大学）
 唐旭东（广东医科大学）
 梁爱玲（广东医科大学）

科学出版社
北 京

内 容 简 介

本书编写参照了建设国家级实验教学示范中心要求的实验教学模式，将实验项目分成实验总体要求与实验基本操作、基础训练型实验、综合提高型实验及研究应用型实验四章，分别介绍了 27 项实验内容。在实验内容的选取上，既考虑到生物化学与分子生物学本身学科的要求，又力求贴近临床医学实践和医学科研相关知识，在深度和难度上体现从易到难、从基础生物化学到分子生物学的逐渐过渡。这种安排能较好地让初学者打好实验操作基础、逐步提高操作技能、熟练掌握生物化学与分子生物学所要求的实验技能，并拥有初步进行科研的能力。

本书可以作为高等医学院校各专业的生物化学与分子生物学实验教材，各校可根据各自实际情况进行取舍；也可以作为研究生实验教材或科研工作人员的参考书。

图书在版编目（CIP）数据

生物化学与分子生物学实验 / 张志珍，刘勇军主编. —2 版. —北京：科学出版社，2022.7
高等院校医学实验教学系列教材
ISBN 978-7-03-068592-6

Ⅰ.①生… Ⅱ.①张… ②刘… Ⅲ.①生物化学-实验-医学院校-教材 ②分子生物学-实验-医学院校-教材 Ⅳ.①Q5-33 ②Q7-33

中国版本图书馆 CIP 数据核字（2021）第 064145 号

责任编辑：张天佐 胡治国 / 责任校对：贾娜娜
责任印制：赵 博 / 封面设计：陈 敬

科学出版社 出版
北京东黄城根北街 16 号
邮政编码：100717
http://www.sciencep.com

保定市中画美凯印刷有限公司印刷
科学出版社发行 各地新华书店经销

*

2010 年 8 月第 一 版 开本：B5（720×1000）
2022 年 7 月第 二 版 印张：9 1/2
2025 年 1 月第十七次印刷 字数：228 000
定价：39.80 元
（如有印装质量问题，我社负责调换）

前　　言

　　生物化学与分子生物学实验教学是高等医学教育的重要组成部分,是提高学生基本实验操作及实验技能的主要手段,是培养学生养成独立分析问题、解决问题习惯的重要途径,是学生后续专业技能学习与提高的必要基础,因此为适应生物化学与分子生物学教学要求,配合科学出版社《生物化学与分子生物学》(案例版,第 3 版)理论教材教学,本书在第 1 版的基础上,增加了一些新内容,修改了第 1 版教材中的不妥之处,形成了《生物化学与分子生物学实验》(第 2 版)。

　　本实验教材共分为四章。第一章增加了"实验总体要求",包括实验课的目的与要求、实验室安全与规则、预实验的重要性及实验报告的书写要求;增加了离心机、电泳仪及 PCR 仪的使用。第二章为基本训练型实验,主要以实验训练为目的,以经长期教学实践证明对于医学院校学生理解医学各学科理论体系有很好辅助作用的实验项目为主要内容;增加了"琼脂糖凝胶电泳分离 DNA"、"聚合酶链反应(PCR)扩增 DNA"、"胰岛素和肾上腺素对血糖浓度的影响"、"逆转录(RT)技术"和"定量 PCR 技术"的内容。第三章是综合提高型实验,主要是进一步提高学生的实验技能、提高自我解决问题的能力;增加了"重组质粒的构建"和"GST pull-down 分析"的内容。第四章为研究应用型实验,主要是检验同学们分析问题、解决问题的能力及综合能力,通过这章实验训练,有助于提高同学们灵活自如地应用实验来解决具体问题的能力。

　　第 2 版教材的编写基本保留了第 1 版的编写人员,对教学出现的新问题予以重视,对教师和学生的要求更加具体。为能将老师们的教学感受更好地传递给学生,帮助学生更直观地熟悉实验过程和实验要点,更加规范学生的操作,我们将在本教研室主页(http://kc.gdmu.edu.cn/swhx/index.html)放一些实验示教录像,供广大读者观看。本版教材将实验注意事项与操作步骤整合在了一起,这样更有利于学生的操作;同时增加了"学生目标考核"内容,便于学生课后自我测评,判断是否真正掌握了实验课的内容。

　　本教材不仅适合医学院校各专业本科学生使用,也可供研究生、相关专业的科研技术人员使用。

　　本教材中不当之处恳请同行专家和使用者批评指正,以便再版时修正完善。

张志珍　刘勇军
2020 年 5 月于东莞

目　　录

第一章　实验总体要求与实验基本操作 1
实验 1　实验总体要求 1
实验 2　基本实验操作与常用仪器使用 5
实验 3　动物实验的基本操作技术 17

第二章　基本训练型实验 23
实验 4　考马斯亮蓝染料法测定蛋白质浓度 23
实验 5　醋酸纤维素薄膜电泳分离血清蛋白质 27
实验 6　Hanes 作图法测定兔血红细胞过氧化氢酶 K_m 值 ... 33
实验 7　血清 ALT 和 AST 活性的测定（赖氏法） 38
实验 8　血清总胆固醇浓度的测定 44
实验 9　改良 J-G 法测定血清胆红素 48
实验 10　琼脂糖凝胶电泳分离 DNA 55
实验 11　聚合酶链反应（PCR）扩增 DNA 58
实验 12　胰岛素和肾上腺素对血糖浓度的影响 64
实验 13　凝胶过滤分离蛋白质 72
实验 14　SDS-聚丙烯酰胺凝胶电泳（PAGE）分离蛋白质 ... 78
实验 15　小鼠肝组织 DNA 的提取及鉴定 84
实验 16　TRIzol 试剂法提取总 RNA 89
实验 17　逆转录（RT）技术 93
实验 18　定量 PCR 技术 96

第三章　综合提高型实验 101
实验 19　重组质粒的构建 101
实验 20　质粒 DNA 的转化 111
实验 21　质粒 DNA 的制备 117
实验 22　质粒 DNA 的限制性内切酶酶切分析 121
实验 23　外源基因在大肠埃希菌中的诱导表达 125
实验 24　免疫印迹检测 131
实验 25　GST Pull-down 分析 136

第四章　研究应用型实验 144
实验 26　实验讨论课 144
实验 27　文献综述训练 144

第一章 实验总体要求与实验基本操作

本章首先介绍生物化学与分子生物学实验总体要求,再着重介绍与生物化学与分子生物学密切相关的基本实验操作、常用仪器的使用及基本操作。主要介绍刻度吸量管及微量加样器的使用,讲解 UV-2100 型和 UV-1800 型紫外-可见光分光光度计的基本原理及使用方法;介绍离心机、电泳仪和 PCR 仪的基本原理及使用方法;介绍动物实验基本操作。此外,生物化学与分子生物学实验中还会用到的仪器包括离心机、恒温水浴箱、恒温培养箱、超净工作台、恒温空气摇床、微波炉、电泳仪、凝胶成像仪、紫外透射仪等,这些将在每一个具体实验中加以介绍。

实验 1 实验总体要求

本实验的主要内容为生物化学与分子生物学实验的总体要求,包括实验室纪律要求、学生的基本责任、值日生的责任及实验报告书写要求及其范例等。

一、实验课的目的与要求

(一) 实验课目的

生物化学与分子生物学实验课是提高学生基本实验操作及实验技能的主要手段,是培养学生养成独立分析问题、解决问题习惯的重要途径,是学生后续专业技能学习与提高的必要基础,是适应生物化学与分子生物学理论课教学的基本要求;因为生物化学与分子生物学是一门实验科学,它的任何一次突破和进步都离不开大量的实验数据与结果的支持,因此,实验教学占有重要地位。

(二) 实验课要求

1. 实验课纪律要求　除了一般上课要求之外,生物化学与分子生物学实验课还有一些特殊的要求:①必须穿白大衣,不允许穿拖鞋。②不能在实验室饮水、进食,主要是因为实验室化学试剂较多,室内空气有异味,不适合进食和饮水,如有需要可到室外走廊上进行。③在实验间隙中,不允许做与实验无关的事情,不允许大声喧哗和打闹。④实验完毕后,收拾好试剂和实验台面、装满 tip 盒、调节好加样器、摆好加样器和刻度吸量管。⑤将实验结果登记到原始记录本上。

2. 值日生要求　值日生除了将自己小组的实验事宜整理完毕外,还需要负责整个实验室的整理工作,包括:在所有同学实验完毕后,将所发的试剂收齐并送还到准备室;检查当天实验所用仪器是否完好、配件是否洗净、电源插头是否拔下等;检查所有加样器是否调节到最大刻度、加样器和刻度吸量管是否配套地摆放在架子上、每个实验小组的玻璃仪器是否摆放整齐、每个组的废液杯是否洗干净。另外，还要擦净实验台面、拖净地板、收拾好水池、摆放好实验凳、关好门窗及水电。

3. 班长及学习委员要求 班长主要负责本班同学的管理工作，包括督促并负责本班同学实验课考勤、负责安排值日生、负责实验过程中实验秩序的维持、填写实验日志等。

学习委员负责收发实验报告，在同学和老师之间起沟通作用。

二、实验室安全与规则

实验室安全是关系到每位同学的大事，不能存有任何侥幸心理，同学们务必按照实验室安全要求进行管理。主要包括以下方面。

1. 安全用电 在使用任何带电仪器设备及关电源总闸时，一定注意手要干燥，避免漏电；拔插头时，应该用双手操作，一只手按住插线板或插座，另一只手拿住插头，正向用力拔下，若太紧应该向老师反映，切忌用金属物件去撬，避免触电；带电仪器设备使用完毕后，应先关闭仪器自带的电源开关，再拔插头。

2. 安全使用强腐蚀性试剂 在使用强酸、强碱等强腐蚀性试剂时应该避免溅到仪器设备、自己或他人身上；如需要穿戴防护用具，一定要按规定穿戴。

3. 安全使用强挥发性及刺激性试剂 在使用强挥发性及刺激性试剂时，应该在通风柜内进行，或者在老师指定的通风处进行，一般不建议在实验室内进行。另外，实验室内应该打开换气扇，保持通风，防止急性中毒。

三、预实验的重要性

预实验是保证学生在上实验课时，正确操作并完成实验后能得到正确实验结果的根本保证，也是老师实验课教学的集体备课方式，它有助于老师发现学生在实验过程出现的各种操作问题，有助于老师解答学生提出的有关实验问题。

预实验可以检查仪器、试剂及实验条件等方面是否达到实验课要求，并及时进行改进以达到实验课要求，不影响正常实验课教学。

预实验一般要求老师严格按照对学生的要求进行，有问题及时发现并改进，这样才能真正达到预实验的目的。

四、实验报告书写要求

生物化学与分子生物学实验是在生物化学与分子生物学理论及有关理论指导下的实践。实验的目的在于经过实践掌握科学观察的基本方法和技能，培养科学思维、分析判断及解决实际问题的能力，培养尊重科学事实和真理的学风和科学态度。当然，通过实验还可以加深和扩大对生物化学与分子生物学理论的认识。

为了达到实验的目的，要求学生在实验前进行预习，通过预习对实验的内容、目的要求、基本原理、基本操作及注意事项有初步的了解；要求学生在实验中合理组织安排时间，严肃认真地进行操作，细致观察各种变化并如实做好实验结果记录；还要求学生在操作结束后认真进行计算分析，写好实验报告。实验报告的书写按照科研论文撰写要素的要求，必须包括实验目的、实验原理、实验仪器与试剂、操作步骤、实验结果与结论和实验讨论。

判断实验报告书写好坏的根本标准：让没有做过这个实验的读者按照实验报告所提供的信息可以很好地重复出实验报告作者的实验结果，这就是好的实验报告，否则就不是。

（一）实验目的

每一个具体实验都有一个明确的目的，也就是通过做这个实验，可以学会哪些操作、得到哪些训练、掌握哪些知识等，这些都是明确、具体的。因此，实验目的应该用简洁明了的语言进行表达，不要照搬照抄实验指导的原话，最好用自己的语言进行归纳和总结。

（二）实验原理

实验原理是指实验通过什么样的一个科学道理来达到实验目的，所以首先要分清我们所做的实验是定性实验还是定量实验，其次说清楚定性与定量的道理，力求简洁明了，让读者容易理解；实验原理可以用反应方程式、简单示意图、列表或流程图表示，最重要的是能将实验原理阐述清楚，让读者容易理解。

（三）实验仪器与试剂

每个实验都用到的一般玻璃仪器、刻度吸量管或微量加样器等不要求描述与记录，主要是记录每个实验所要使用的主要仪器或比较特殊的不常见仪器，这些仪器可以是一些较大型、较贵重的分析仪器，也可以是比较特殊的玻璃仪器，比如提取肝脏中的蛋白质实验所使用的玻璃匀浆器等；同时对记录的仪器需注明型号、厂家及产地。

要求记录的试剂也应该是每个实验所要使用的主要试剂或比较特殊的试剂，试剂级别若没有特别注明的话，一般是分析纯试剂，如果用到一些特殊级别试剂需特别注明，同时标明试剂的货号、厂家及产地。

（四）操作步骤

操作步骤的记录应遵循及时、如实记录原则。操作步骤是实验报告中较为重要的部分，读者能否重复作者的实验结果，在很大程度上取决于操作步骤的完整性和真实性。这部分记录中常见的不足之处：①记录用词不规范，口语化严重，不够简洁；②记录不及时，不是实验过程中的记录，而是做完实验后的回忆记录，这样会造成错记或漏记；③照抄实验指导中的步骤，而没有客观记录每一个细节。实验指导中经常会出现一些像"室温静置 5~10min"这样的用语，放在指导中是可以的，表示在室温下静止放置 5min 至 10min 均可，但作为实验记录、室温静止放置只允许是某个具体的时间，不能是一个时间范围。所有这些不足都与及时、如实记录的原则相悖。

那么操作步骤如何记录才能做得比较好呢？首先，实验过程中养成随手带记录本的习惯，随时记录关键数据，如时间、体积、温度、离心转速和时间等等；其次，在理解实验指导操作步骤的基础上，归纳总结后用自己的语言简洁地记录下实验过程的每一步；最后，操作步骤这部分还须注明哪些操作容易出错及如何避免、哪些操作要注意安全等注意事项。

（五）实验结果与结论

有很多学生分不清结果与结论，这可能是因为这两者联系紧密而造成的。结果是从实验中可以直接得到的原始数据和实验现象；结论是必须通过分析、计算实验结果才能得到的带有结论性的描述。例如，用分光光度法测定某物质的浓度，结果就是测定各管的吸光度，结论应该是用分光光度法测定某样品中某物质的浓度是×××mmol/L。

实验结果记录应遵循客观真实原则，也就是说，实验结果是通过实验过程得到的数据及现象，是客观的，不是凭空想象或杜撰的；而且实验结果是真实的，不能篡改，是多少就是多少，不能随意修改实验结果。实验课就是培养尊重科学事实和真理的学风和科学态度，医学本身就是一门实验科学，有许多的假说或争论需要用实验来验证，如果实验结果随意篡改，那么实验就失去了存在的意义。

实验结论的推导应该符合逻辑、计算正确，与实验目的相呼应。所以，实验结论应该内容简洁明确，如需要进行推导的结论，应用简洁的语言写出推导过程。

（六）实验讨论

实验讨论部分是最能体现实验者的专业理论知识、实验观察能力和分析问题、解决问题能力的精华部分。一篇实验报告、一篇科研论文写得水平高低与讨论部分密切相关。所以，实验讨论对于整个实验报告是非常重要的部分，也是实验者提高实验能力的重要方面。

初学者经常遇到的问题就是讨论不知道写些什么。回答这个问题前，我们先了解科研论文讨论都写哪些内容。

科研论文的讨论一般从实验目的开始，为探讨……，分析了……，得到了……，用简单几句话从目的过渡到实验结果；然后，对结果进行陈述、阐述如何得到自己的结论；接着将自己的结论与相关文献的结论进行比较，哪些文献是支持自己的结论，哪些文献是与自己的结论对立的，并需要简明扼要地说明其中的原因；之后，要指出自己论文中存在的主要不足，分析造成不足的主要原因是什么，如果可能的话应写出如何避免；最后，对自己的论文做一个适当的评价，这个评价要与论文的结论相呼应。

实验报告的讨论部分其实与科研论文的讨论思路大致是相同的，只是在讨论自己的结论时，一般很少与文献做比较，可以与同时做实验的其他实验者的结论进行比较，分析相同或对立的原因。另外，实验报告的讨论部分还可以对整个实验过程中的任何一个环节进行讨论与分析，可以写出对实验的感受和印象，也可以写实验者认为最值得注意的地方，等等，所以实验报告的讨论比科研论文讨论范围更广。

刚开始写讨论会遇到不知道写什么的问题，就像小学生开始学写作文一样，好像没有内容可写，但坚持下去，慢慢地可写的内容就多了，越写越好了；写讨论也是这样，刚开始写不好没有关系，坚持写，每次实验都认真写，认真体会和感受，经过几次实验后，就会发现自己的讨论写得有进步了。实验报告最好在做完实验后及时书写，这样对实验的印象感受还比较深刻，写讨论会容易一些。

（刘勇军）

实验 2　基本实验操作与常用仪器使用

【实验目的】

1. 学会刻度吸量管、微量加样器、分光光度计、离心机、电泳仪及 PCR 仪的使用。

2. 学习制作标准曲线。

【实验器材】

各种量程刻度吸量管、微量加样器和 UV-2100 型紫外-可见光分光光度计、离心机、电泳仪和 PCR 仪。

【实验操作】

一、实验基本操作

（一）刻度吸量管的使用

在刻度吸量管广泛使用前，量取液体时经常使用移液管。移液管是一种量出式仪器，只用来测量它所放出溶液的体积。它是一根中间有一个膨大部分的细长玻璃管，其下端为尖嘴状，上端管颈处刻有一条标线，是所移取的液体的准确体积的标志，每根管的体积是固定的。常用的移液管有 5mL、10mL、25mL 和 50mL 等规格，由于每根移液管的体积是固定的，使用就受到限制。目前实验室常用的是刻度吸量管，它是一种具有连续刻度的直形玻璃管，下端呈尖形，简称为吸量管，见图 1-1。常用的吸量管有 0.1mL、0.2mL、0.5mL、1mL、2mL、5mL 和 10mL 等

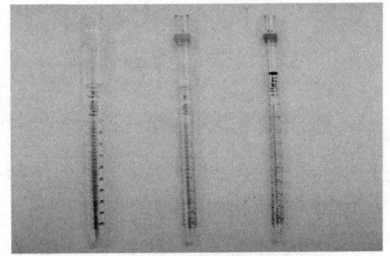

图 1-1　三种规格的刻度吸量管

左为 5.0mL，中为 1.0mL，右为 0.5mL

规格,每种规格均是指其最大量程,可以在最小量程与最大量程之间量取所需液体。吸量管最小刻度通常是最大量程的 1%。这里只介绍吸量管的使用方法及注意事项。

1. 选择吸量管 使用前应根据所要量取液体的体积,选择适当量程的吸量管,其最大量程最好等于或稍大于取液量,同时必须看清楚吸量管的刻度读数,以免弄错,有些吸量管的刻度是从上往下标的,还有些是从下往上标的。

2. 持管与持洗耳球 持管与持毛笔方法非常相似,保持住持毛笔的手势,将手移到笔的最上末端,同时将环指和小指移到与中指同侧,就成了持吸量管的推荐手势。具体来说,是用拇指及中指持住吸量管的上末端,环指及小指自然顺着中指靠在管的同侧,形成中指、环指和小指同侧与拇指形成对立,这样可以拿稳管,同时还可以左右转动管,再用示指堵住管口,左右转动吸量管,此时会有少量空气从示指与管口的空隙中进入,这样就可以控制液面的下降速度,刻度数字要向着自己,见图 1-2A。切忌用大拇指堵住管口控制流量,见图 1-2B。持管要领:手势正确,持管自然放松,掌心不与管接触,留有较大空隙;持管手一定要干燥,否则手湿不易控制液面下降速度。

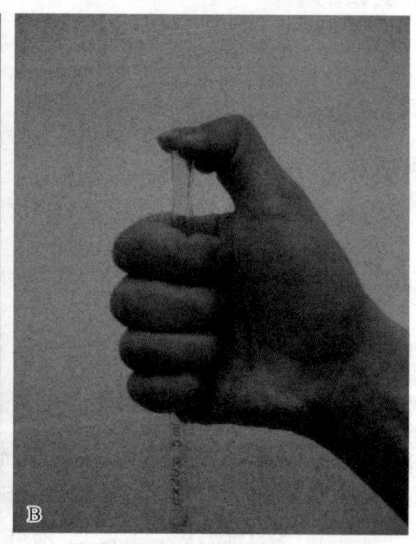

图 1-2 持刻度吸量管的推荐手势与常见错误手势

A 为推荐手势,B 为常见错误手势

持洗耳球的手势与持管的手势是一致的,中指、环指和小指与拇指分别位于球的对侧,拿住球,示指压住球的顶端,主要通过示指、拇指、中指及环指从上方和球侧面挤压洗耳球,见图 1-3A。

持球要领:手势正确,持球自然放松,掌心不与球面接触。常见错误:用拇指放在球的顶端,只用拇指从上方挤压洗耳球,见图 1-3B。

图 1-3 持洗耳球的推荐手势与常见错误手势

A 为推荐手势，B 为常见错误手势

持管与持球之间还有一个细节，经常会被提及：是左手持管（球），还是右手持管（球）。现在一般不再强调左右手的区分。首先，左右手是对称的，管和球也是对称的，所以左手持管，还是右手持管都没有区别；其次，现在教学过程中更注重学生个性发展和人性化，不再强迫学生改掉左、右手使用习惯。其实使用刻度吸量管有一个根本原则：不管是用左手还是用右手持管，只要能准确、自如地量取所需体积的液体即可。

3. 量取溶液 左手或右手持洗耳球，将吸量管的尖端插入所量取试剂液面下 1cm 处。根据所需要量取体积多少决定挤压洗耳球程度，量取体积多，挤压程度大，反之就小；用洗耳球下端出口对准吸量管上端口，缓慢放松捏球手指，将液体慢慢吸上，眼睛注视上升液面；当液面上升至所需刻度以上，且低于吸量管上端口时立即用持吸量管手的示指按紧管口。

4. 调准刻度 吸量管从溶液中取出后（如标准溶液或黏性较大的液体）都必须用吸水纸将吸管尖端外部溶液擦干。主要通过持管手的中指、环指与拇指转动吸量管，示指轻压在管口，控制液面下降速度，使液面缓慢下降至所需刻度时（此时，液体弯月面底部、刻度和视线同在一水平线上），持管手的示指立即按紧吸量管上端口，同时停止转动吸量管，使液体不再流出。

5. 放出溶液 将吸量管转移至盛放所取溶液的容器内，如是锥形瓶，应使锥形瓶倾斜 30°，使吸管尖端接触容器内壁，但不能插入容器内原有液体之中，以免污染吸量管。松开持管手示指，使液体自然流出。放液后吸管尖端残留的液体是吹出或不吹出，则视选用吸量管的种类而定。

附：吸量管的"吹"与"不吹"

吸量管是实验室常用的必备玻璃仪器。其操作有着"吹"与"不吹"之分。吸量管一般标有"快""A""B""吹"四种符号，标"快"或者"B"表示液体放完后，再等 3s，转移的液体量就可达到标明的液体体积。与"快"相对的，是标注"A"的吸量管：这种吸量管一般都很贵，精确度高些，液体转移放完之后，需要再等待 15s 才能使吸量管离开容器壁。"吹"字的意思是等放液结束，需要用洗耳球把吸量管尖端残存的液柱吹到容器里，才能达到目标体积。这段液柱一般可达 0.1～0.3mL，如果不吹，体积误差就太大了。"A"管很少有带"吹"的，带"吹"的一般都是标"B"或"快"的吸量管。

（二）微量加样器

微量加样器，又称微量加样枪，在实验室中被简称为"枪"。与微量加样器配套使用的塑料锥状管，称为吸头，英文称为"tip"，所以实验室中称之为 tip 头，也可以称为"枪尖"或"枪头"。微量加样器最早出现于 1956 年，由德国生理化学研究所的科学家 Schnitger 发明。1958 年，德国 Eppendorf 公司开始生产按钮式微量加样器，成为世界上第一家生产微量加样器的公司。

微量加样器发展到今天，加样更为精确，品种多种多样，加样的物理学原理有两种：①使用空气垫（又称活塞冲程）加样；②使用无空气垫的活塞正移动加样。不同原理的微量加样器有其不同的特定应用范围。空气垫加样器可以很方便地用于固定或可调体积液体的加样，加样体积的范围在小于 1μL 至 10mL。一次性吸头是本加样系统的一个重要组成部分，其形状、材料特性及加样器的吻合程度均对加样的准确度有很大的影响。活塞正移动加样器可以用于具有高蒸汽压的、高黏稠度及密度大于 $2.0g/cm^3$、易产生气溶胶的液体。活塞正移动加样器的吸头一般由厂家配套生产，不能使用通常的吸头或不同厂家的吸头。此外，还有多通道加样器、电子加样器和电子分配器等，它们的工作原理与上述相同。多通道加样器通常为 8 通道或 12 通道，与 8×12 = 96 孔微孔板一致。多通道加样器的使用不但可减少实验操作人员的重复加样操作次数，而且可提高加样的精密度。电子加样器和电子分配器为半自动加样系统，电子加样器具有很高的加样重复性，应用范围广。

根据微量加样器最大量程的不同，常见微量加样器有 2μL、20μL、200μL、1000μL 和 5000μL 等几种；与之配套的吸头容量分别为 10μL、20μL、200μL、1000μL 和 5000μL 等。一般而言，吸头的颜色分别代表不同的体积，10μL 和 20μL 吸头通常是白色的，200μL 吸头是黄色的，1000μL 和 5000μL 吸头是蓝色或白色的。

1. 选择量程合适的加样器 加样器只能在特定量程范围内准确移取液体，使用时如超出最小或最大量程，会损坏加样器并导致计量不准。最大量程一般标在活塞柄上，最小量程通常是最大量程的 1/10，但 1000μL 加样器最小量程通常是 200μL，5000μL 加样器最小量程通常是 1000μL。握微量加样器的方法见图 1-4。

2. 设定容量值 有些加样器通过旋转按钮设置容量，有些则通过刻度显示。刻度调节系统由 3 个数字组成，从上而下表示最大量程的前三位数，调节到所需体积刻度即可。注意使用旋钮时，不能超出刻度范围。

3. 选择合适的吸头 将配套的吸头装在加样器套筒上，稍加扭转压紧，使吸头套紧。否则，移取的液体将少于设定的体积，或者液体会往下滴。

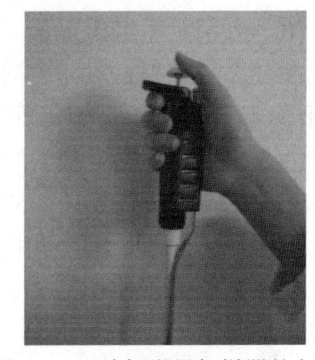

图 1-4 正确握微量加样器的方法

4. 取液 吸液时手握移液器，拇指按下按钮至第一停点（图 1-5A），将加样器垂直浸入液面 2~3mm，然后缓慢平稳地松开拇指，慢慢吸入液体（图 1-5B）。停留 1s，然后将吸头提离液面。用吸水纸抹去吸嘴外面可能黏附的液滴。小心勿触及吸头口。

5. 判断 目测吸入的液体体积是否合理，这需要有一定的使用经验。

6. 放液 将吸头口贴到容器内壁并保持 10°~40°倾斜，平稳地把按钮压到第一停点，停 1~2s 后（图 1-5C），继续按压到第二停点，排出残余液体（图 1-5D）。松开按钮，同时提起加样器（图 1-5E）。

7. 弃吸头 按弹射器除去吸头，也可以用手将不用的吸头取下（当加样液体发生改变时，或者吸头被污染时，一定要更换吸头）。

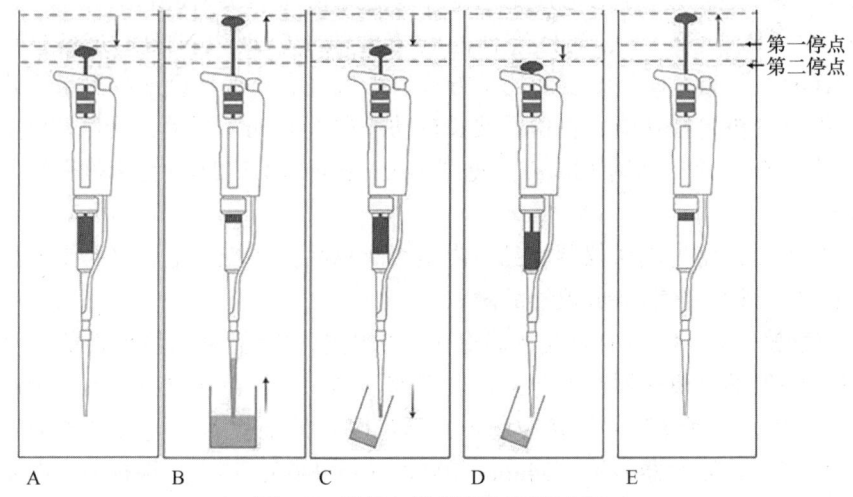

图 1-5 微量加样器量取溶液过程

A. 准备取液，活塞按钮压到第一停点；B. 正在取液，拇指慢慢松开活塞按钮，让溶液慢慢上升；C. 放液，拇指慢慢往下压活塞按钮，溶液慢慢滴下，一直按到第一停点；D. 排尽吸头尖部残留溶液，如果活塞压到第一停点时，仍有残留溶液没有被排尽，此时应再加大拇指下压力，将活塞按钮压至第二停点将残留溶液排尽，有时仍有可能有残留溶液，可以重复 C、D 两个步骤直至溶液排尽；E. 排完溶液后，加样器活塞回到自然状态，完成取液

8. 使用注意事项

（1）必须根据设定的容量选用适当型号的移液器，调整的读数不得超过其量取的容量范围，否则会使螺旋拧出壳体造成计数结构损坏。

（2）吸取不同类型的溶液应更换吸头，以防止溶液之间的交叉污染。

（3）新吸头在使用前应吸、排溶液几次，浸渍吸头以消除误差。

（4）加样器吸液后严禁倒置、平放，以免溶液流入内腔，损坏活塞。

（5）加样器使用完毕，要将旋钮调到其最大量程刻度，否则时间久了会使内腔的弹簧变形，影响加样器寿命。

（6）长时间不用或刚从箱中取出的新加样器应轻轻用手将推动按钮上下按压几次，再进行正常使用。

二、常用仪器的使用

（一）紫外-可见光分光光度计

UV-2100 型紫外-可见光分光光度计采用低杂散光、高分辨率的单光束光路结构，仪器具有良好的稳定性、重现性。应用最新微处理芯片，使操作更为快速、便捷，并且具有自动校准 0%T 和 100%T 等控制功能及各种方法的数据处理功能。配有并行口，可直接连接打印机，打印实验数据；还有标准 RS-232（串口）通信接口，可通过 UNICO 用户应用软件和普通的装有 Microsoft Windows 系统的个人电脑联机，进行实验测试和数据处理。

UV-2100 型紫外-可见光分光光度计有透光度（TRANSMITTANCE）、吸光度（ABSORBANCE）、已知标准样品的浓度值（CONCENTRATION）或斜率（FACTOR）等测量样品浓度的测量方式，可根据需要选择合适的测量方式。该光度计设有开机自检功能，自检后波长自动停在 546nm，测量方式自动设定在透射率方式（T），并自动调 100%T，见图 1-6。下面以 UV-2100 型为例介绍其使用方法。

在开机前，需先确认仪器样品室内是否有物品挡在光路上，光路上有阻挡物将影响仪器自检，甚至造成仪器故障。

1. 预热　连接仪器电源线，确保仪器供电电源有良好的接地性能，然后开机预热。一般的分析仪器在使用前都要提前预热，目的是让仪器处在一个相对稳定的工作状态，而仪器工作状态稳定是精确测定的前提。首先，仪器会先行自检，自检完毕，显示器显示"546nm 100.0"（图 1-6）；其次，根据测定波长选择所需光源（可见光用"W"灯，紫外光用"D2"灯，W 代表钨灯，产生可见光；D2 代表氘灯，产生紫外光。关闭暂时不需要的光源，主要是节省光源灯的使用时间，延长其使用寿命；最后让仪器继续处于开机状态，预热时间一般为 15～30min。

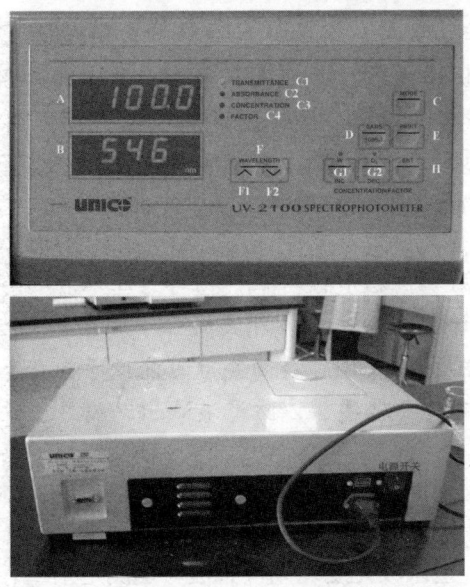

图 1-6　UV-2100 型紫外-可见光分光光度计

上图为前面板，下图为后面板，文字所示为电源开头。A：主显示屏；B：波长显示屏；C：模式键（MODE），按下模式键 1～4 次，工作模式依次为 C1 透光度（TRANSMITTANCE）、C2 吸光度（ABSORBANCE）、C3 浓度（CONCENTRATION）和 C4 斜率（FACTOR），每种工作模式左侧都有一个红色指示灯，如果亮就表示在该工作模式下；D：调 0/100%键（调吸光度为 0，也就是透光度为 100%）；E：打印键（机器连接电脑时可以将结果打印）；F：波长调节键，F1 是增加波长键、F2 是减少波长键；G1：钨灯开关键，亮灯表示开，灭灯表示关（在非浓度和非斜率模式下）；G2：氘灯开关键，亮灯表示开，灭灯表示关（在非浓度和非斜率模式下）。在浓度和斜率模式下，G1：增加浓度或斜率数值；G2：减少浓度或斜率数值；H：确认浓度或斜率数值的键

　　分光光度计为贵重的精密仪器，要防震、防潮、防光和防腐蚀。首先，仪器应放在固定的平稳实验台上，不要随意搬动，调节旋钮时，不可用力过猛，以防损坏机件。其次，电子仪器最怕受潮，受潮后光电倍增管灵敏度下降，甚至失效，所在光电倍增管附近应放置硅胶，仪器应放在干燥的地方。再次，要防止强光照射，因光电倍增管受强光照射后，会出现强的"记忆"和"疲劳"现象，严重时会影响光电倍增管寿命。

　　2. 按 MODE 键选择所需工作模式　　仪器有透光度（T），吸光度（A），已知标准样品浓度值方式（C）和已知标准样品斜率（F）方式，一般常用吸光度模式。

　　3. 调波长　　根据具体实验要求，选择合适测定波长，每个实验均会给出测定波长，按"WAVELENGHT"下面的"∧"或"∨"键，设置所需测定波长。

　　4. 调零　　当将波长设置为所需测定波长时，显示主屏上会出现"BLA"字样，每次更改测定波长时，都会出现"BLA"字样，提醒操作者，接下来应该调整吸光度为 0，透光度为 100%，否则仪器将不会继续工作。

5. 测定 打开样品室盖，将装有参比液的比色皿插入最外侧比色杯槽中，依次将装有待测液或标准液的比色皿插入第二、第三和第四槽位中；然后合上比色室盖，将比色拉杆推放到第一槽位，此时仪器光路正对着参比液比色皿，按"0A/100%T"键，显示屏出现"BLA——"，表示仪器正在将参比液吸光度调为0，透光度调为100%，此时不要按仪器上任何键。

为防止酸碱等有腐蚀性物质侵入机件内部，所以在转移待测液入比色皿时，切记不要在分光光度计上面操作；另外液面位于比色杯 1/2～3/4 高度即可，过多，溶液容易洒到仪器上；过少，液面高度可能低于光路高度，光照不到溶液；移动比色皿架拉杆时动作要轻柔，以防溶液溅出，腐蚀机件。

待主屏显示为"0.000"或是"−0.000"时，表示调 0 过程已完成，将比色拉杆拉至二号比色皿位，第一个被测样品正对着入光路，此时液晶屏显示被测样品的吸光度，待读数稳定后，记录吸光度，同样方法分别测定第二、第三个样品吸光度。

6. 整理与关机 测定完毕，取出比色杯，自来水洗净后用蒸馏水冲洗二次，倒置于比色皿架上晾干；合上比色室盖，关闭仪器电源开关，拔下电源插头；用抹布擦净仪器上可能有的污渍。

在清洗时，切记不能用手、滤纸和毛刷等摩擦或擦拭比色杯的光滑面，手持比色皿应持在比色皿的磨砂面。比色皿用完后立即用自来水洗净，再用蒸馏水冲洗，倒置放在皿架上晾干。每台分光光度计的比色皿是专用的，原则上不要与其他分光光度计的比色杯互换。

图 1-7 UV-1800 型紫外-可见光分光光度计主面板

另外，目前实验室还有一款 UV-1800 型紫外-可见光分光光度计，它是液晶显示的，采用菜单逐级显示，它的主显示屏如下（图 1-7）。

（二）离心机

离心机是利用离心力，分离液体与固体颗粒或液体与液体的混合物中各组分的机械。离心机主要用于将悬浮液中的固体颗粒与液体分开，或将乳浊液中两种密度不同，又互不相溶的液体分开（例如从牛奶中分离出奶油）；它也可用于排除湿固体中的液体，例如用洗衣机甩干湿衣服；特殊的超速管式分离机还可分离不同密度的气体混合物；利用不同密度或粒度的固体颗粒在液体中沉降速度不同的特点，有的沉降离心机还可对固体颗粒按密度或粒度进行分级。

生物化学与分子生物学实验课常用的离心机主要有：普通高速离心机，最高转速一般在 12 000~20 000r/min；冷冻高速离心机，具有制冷功能，最高转速在 16 000~20 000r/min。

离心机一般由电机、转头、机身和控制电路及控制面板组成。生物化学与分子生物学实验课常见用固定角度转头，常见配套离心管为 1.5mL 和 5mL。下面以最常见离心机为例，介绍离心机的使用方法。

1. 配平　将要离心的样品液成对分别放在平衡的天平两边，调节样品管中溶液的多少（如果样品液不能调节，就需将样品套在离心套管上，在套管中添加蒸馏水来配平），使两管质量相等，天平指针指向"0"，即配平。配平好的两根离心管一定要对称放在转头内，也就是两管的连线要过转头中心；如果只有一根样品管需要离心的话，请另外再找一根同样的盛有蒸馏水的离心管作为配平管，进行配平。

配平是离心最重要的一步，因为只有在配平下，转轴受力才均匀，转速才能达到规定转速，不会出现异常声音，不会损坏离心机。

2. 调节参数　当所有需要离心的样品管都放入转头内后，合上离心机盖子，现在的盖子一般都是电子机械控制的，当正确合上时会听到金属挡击声音；参数包括：转头型号（一般情况下，不需要调节，机器会识别，但有些机器是要调节的）、转速、离心时间；另外还有些离心机可以对离心机加速和减速的时间进行调节。在实际实验过程中，有些实验需要按相对离心力来设置离心过程，这时要设置相对离心力。有些离心机在设置参数时有相对离心力的选项，如果没有的话，可以按照下面的公式计算相对离心力对应的转速。

$$g = R \times 11.18 \times 10^{-6} \times 转速^2$$

式中，R 为有效离心半径，即从离心机轴心到离心管底的长度，单位为厘米（cm），转速的单位为 r/min。

3. 离心过程及结束　当所有参数都设置完毕后，合上盖子，可以开始离心了，在离心机启动至离心机达到设定转速且平衡运行之间的这段时间，实验者一定不能离开离心机，这段时间是观察离心过程会不会出现问题的关键点，如果在前面过程中某些操作没有按规定做好，那么就会在这段时间出问题，一旦出现问题，要马上关闭电源开关，尽可能减少损失。

（三）电泳仪

电泳仪于 1937 年研发，常用支持物有滤纸、醋酸纤维素薄膜等。电泳技术是分子生物学研究中不可缺少的重要分析手段。

电泳一般分为自由界面电泳和区带电泳两大类，自由界面电泳不需要支持物，如等电聚焦电泳、等速电泳、密度梯度电泳及显微电泳等，这类电泳目前已很少使用。区带电泳则需用各种类型的物质作为支持物，常用的支持物有滤纸、醋酸纤维素薄膜、非凝胶性支持物、凝胶性支持物及硅胶-G薄层等，分子生物学领域中最常用的是琼脂糖凝胶电泳和聚丙烯酰胺凝胶电泳。

所谓电泳，是指带电粒子在电场中的运动，不同物质由于所带电荷及分子量不同，因此在电场中运动的速度也不同。根据这一特征，应用电泳法便可以对不同物质进行定性或定量分析，或将一定混合物进行组分分析或单个组分提取制备，这在临床检验或实验研究中具有极其重要的意义。电泳仪正是基于上述原理设计制造的。不同型号、不同产地的电泳仪在使用上大同小异，下面简单介绍电泳仪的使用方法。

1. 首先用导线将电泳槽的两个电极与电泳仪的直流输出端连接，注意极性不要接反。

2. 电泳仪电源开关调至"关"的位置，电压旋钮转到最小，根据工作需要选择稳压稳流方式及电压电流范围；若是数字式触摸面板控制的电泳仪，应该选择好电泳方式，调节好相应电流或电压数值。

3. 接通电源，缓缓旋转电压调节钮直至达到所需的电压为止，设定电泳终止时间，此时电泳即开始进行；数字式的电泳仪只需打开电源开关，按下启动按钮即可开始电泳。

4. 工作完毕后，应将各旋钮、开关旋至零位或关闭状态；数字式的电泳仪只需再次按下启动按钮或关闭按钮，最后，拔出电泳插头，关闭电泳仪电源开关。

（四）PCR 仪（使用参数调节等）

PCR 仪是根据聚合酶链反应（PCR）原理，利用 DNA 聚合酶对特定基因做体外或试管内的大量合成，基本上它是利用 DNA 聚合酶进行专一性的连续复制。目前常用的技术，可以将一段基因复制为原来的一百亿至一千亿倍。常见 PCR 仪有普通 PCR 仪、梯度 PCR 仪和实时荧光定量 PCR 仪。

目前市面上的普通 PCR 仪主要采用液晶显示，触摸式或按键式调节；操作简单，易学易懂，所以 PCR 仪的操作主要是对 PCR 过程中的关键参数进行调节，具体的操作参见各仪器自带的说明书。

一个典型的 PCR 一般包括预变性温度及时间、循环参数（变性、退火和延伸的温度及其对应的时间）及循环次数、最后的延伸温度及时间。此外，还有反应体积和盖子温度的设置。

PCR 仪中温度设定一般称为"保温（hold）"，它可以对应预变性、变性、退火和延伸，每一个温度下都有对应的时间，单位一般是秒/分钟（s/min）；循环（cycle），实际是由三个"保温"及其对应的时间组成，循环次数用 n 表示，根据实验条件进行设定。

如果是一台新的 PCR 仪，第一次使用，操作者要建立一个反应程序，一般步骤：先点"新建（create/new）"，点"保温（hold）"设置预变性温度及时间（如：94℃/5min）；再点"插入（insert）"，选择"循环（cycle）"，这时一般会提醒是三温度循环还是二温度循环（退火和延伸的温度相等），根据自己的实验条件选择三温度或二温度，循环参数的设置同前面预变性设置（如三温度循环——94℃/30s、56℃/30s、72℃/30s），再设置循环次数（如 $n=35$，表示循环 35 次）；接着再点"插入（insert）"，选择"保温（hold）"设置最后的延伸温度及时间（如 72℃/10min），到这里一个 PCR 参数设置就完成了；实验过程中当进行到这步反应时，应该取出 PCR 管放到 4℃保存；但考虑到实验者当 PCR 完成时，可能有其他实验要做，或其他原因不能及时取出 PCR 反应管，所以 PCR 仪的保温可以最低设置到 4℃，这样在一个 PCR 程序的最后还可以加一个"保温（hold）"，温度设置为 4℃，时间可以适当设置更长些，如 60min、90min；但切记不要让 PCR 仪在 4℃保温状态下过夜，这可能有损 PCR 仪的使用寿命。最后是设置反应体积，根据自己的实际反应体积进行设定，盖子温度一般按仪器默认即可。

当设置完所有参数后，点"保存（save）"，就会提醒输入程序名字，当输入名字后，点"确认（enter）"即可。这样就从头创建了一个 PCR 程序；如果仪器中已经有其他程序存在，可以点"查看（view）"，浏览他人的程序，选择一个和自己最接近的程序，点"编辑（edit）"，通过移动光标，对某些参数进行修改，修改完后，点"另存为（save as）"，再输入自己的名字即可。

梯度 PCR 仪是在普通 PCR 仪的基础上增加了一个温度梯度保温功能，也就是在 PCR 仪的不同孔位可以进行不同温度的保持；比如，在摸索 PCR 反应的退火温度时，可以从 55℃到 63℃设定多个不同的退火温度，这样在一次 PCR 时间内可以同时进行多种不同条件的 PCR，然后电泳判断哪个温度最合适，就选定哪个为最终的退火温度，可以大大节省预实验时间。也可以用于不同实验条件下的多种 PCR，这样一次反应时间可以满足多个实验者的 PCR 实验。

实时荧光定量 PCR 仪在本书将有专门章节（第二章实验 18）进行介绍。

三、基本操作考试

1. 考试目的　检验操作者对刻度吸量管、微量加样器及分光光度计是否能正确使用。

2. 考查点　刻度吸量管和微量加样器的选择、使用，分光光度计开机、选择工作模式、调波长、调零、转移溶液入比色皿及测定读数等。

3. 试剂　所用溶液为 3mmol/L 重铬酸钾（$K_2Cr_2O_7$）溶液，吸光波长为 440nm。

4. 操作步骤　按表 1-1 进行。

表 1-1　分光光度法测定 $K_2Cr_2O_7$ 溶液浓度标准系列

管号	1	2	3	4	5
3mmol/L $K_2Cr_2O_7$（mL）	0.01	0.10	1.00	1.50	2.00
蒸馏水（mL）	4.99	4.90	4.00	3.50	3.00
$K_2Cr_2O_7$ 浓度（mmol/L）	0.006	0.060	0.600	0.900	1.200
A_{440}					

各管加样完毕后，混匀，用蒸馏水调零，测定 440nm 吸光度，以重铬酸钾浓度为横坐标，以吸光度为纵坐标，绘制标准曲线。下面是标准曲线范例（图 1-8）。

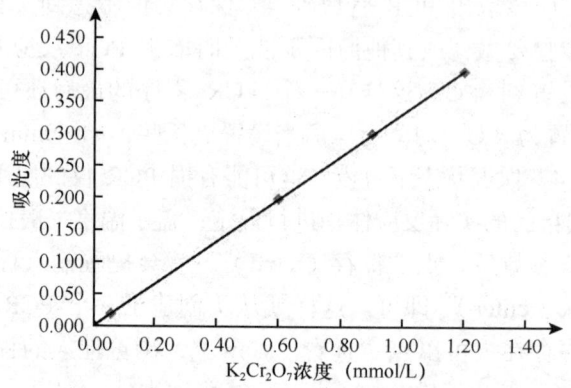

图 1-8　分光光度法测定重铬酸钾浓度标准曲线

5. 标准曲线绘制方法与要求

（1）标准曲线应绘制在规定的坐标纸上。

（2）标准曲线下方应标明标准曲线名称、坐标轴必须标明名称、刻度大小和相应单位。

（3）标准曲线纵横比最好为 5∶7。

（4）标准曲线绘制时，如果所测定的几点不完全在一条直线上，应该遵循统计学相关规定，即让直线尽量经过最多的点，且直线两侧点的数量尽可能相等，每侧的点离直线的垂直距离之和尽可能相等，这样得到的直线与通过回归计算得到直线方程描绘的直线才可能最大程度吻合。

【学生目标考核】

在学习基本操作实验之前，操作者应该具备一定的基础化学知识和有机化学知识，同时拥有初步的操作技能，会基本的实验操作，而本实验所述基本操作主要是针对生物化学与分子生物学实验课而言。

1. 能正确使用微量加样器。 能够正确选择合适的加样器，理解第一停点及第二停点的作用，能够避免常见的错误。

2. 能正确使用刻度吸量管。 知道正确持管和拿球的方式，能够正确控制液面流速，能够避免常见错误。

3. 正确理解朗伯-比尔定律，能够正确使用常见型号的紫外-可见光分光光度计，包括开机流程、测定流程及常见故障处理。

4. 会正确绘制标准曲线，知道标准曲线的组成要素、能够避免绘制回归直线时常见的错误，请对照你的实验报告进行自评；是否会用 Excel 软件制作标准曲线。

5. 预习实验报告的能力。通过自己的预习，应该达到：实验课前能否将所需仪器设备提前开机预热、对实验过程有比较清晰的印象、当有改动时能否向老师提问改动原因、能否对一些重要的操作进行提问。

了解离心机、电泳仪和 PCR 仪的正确使用，当下次要用到这些仪器时，可以找到它的使用说明。

（刘勇军）

实验 3　动物实验的基本操作技术

【实验目的】
1. 学习实验动物相关知识。
2. 学习动物实验基本操作。

【实验动物选择】

1. 常用实验动物的种类与特点

（1）小鼠：属哺乳纲，啮齿目，鼠科，是医学实验中用途最广泛和最常用的动物。因为其温顺易捉、繁殖率高，生长快，所以适用于动物需要量大的实验。小鼠常用于药物筛选性实验、药代动力学分析、抗癌研究及避孕药研究等。但不同品系的小鼠对同一刺激的反应性差异较大。

（2）大鼠：属哺乳纲，啮齿目，鼠科。性情不如小鼠温顺，受惊时表现凶恶，易咬人，具有繁殖快、心血管反应敏感等特点。与小鼠相似，大鼠的实验动物模型较稳定，一些在小鼠身上不便进行的实验可选用大鼠。

（3）家兔：属哺乳纲，啮齿目，兔科。其容易得到且易驯服。家兔耳血管丰富，耳缘静脉表浅，易暴露，是药物注射和采血的良好选择部位。家兔性情温顺，便于灌胃和取血，是医学实验中最常用的动物之一。

2. 动物的选择与准备

（1）健康状况：正确地选用动物，是获得理想实验结果的条件之一。根据实验要求，除应考虑到获得动物的难易、是否经济外，还应考虑动物是否健康。动物健康的判断标准是：动物喜食好动，四肢强壮有力，双目明亮有神，反应灵敏，皮毛柔软有光泽，无脱毛、蓬乱现象。眼无分泌物或痂样积垢，肛门干净。

（2）年龄：动物年龄对实验结果有影响。幼龄动物对药物比较敏感，老龄动物代谢缓慢，生理功能低下。急性实验一般选用成年动物，因其功能活动和生理反应均已达到正常水平，手术耐受性好；若进行慢性实验，成年动物还有术后恢复快的优点。而幼龄及老年动物则只用于某些特殊的实验。同一实验的动物应年龄一致，体重相近，相差小于10%。

（3）性别：不同性别的动物对药物的敏感性有一定的差异，雌鼠对药物的敏感性稍高于雄鼠。如无特殊要求，一般实验宜选用雌雄动物各50%。

（4）动物实验前准备：一般在进行动物实验前的12h停止喂食，但仍需喂水。若进行慢性实验，还需对动物进行适当的训练，以了解该动物是否适合本实验，并使其熟悉环境与实验者。手术前一天要给动物做清洁处理，必要时洗澡，以利消毒。术后加强喂养与护理。

【抓取固定】

抓取和固定实验动物时，尽量保证实验人员的安全，实验动物的舒适，是其基本原则。任何动物在一定程度上都有怕生、易激怒的防卫本能和通人性的特征。所以，在实验前，实验人员应与实验动物之间有一定的友好接触和适应过程。同时还应让动物适应实验场地、器械等。切忌对动物采取突然、猛烈或不友好的袭击动作。抓取和固定动物时，实验人员应尽量采取相对温和的方法与态度，不可恐吓或激怒动物。操作应熟练、迅速、准确，力争在动物感到不安之前抓取和固定好动物。这样不但可保证实验的顺利进行，还可提高实验结果的真实性。

1. 小鼠的抓取固定方法 捉小鼠时，动作要轻缓，以右手捉鼠尾，顺势将小鼠放在笼盖上或其他粗糙面上，轻轻向后拉鼠尾，这样小鼠会四肢紧紧抓住笼面，起到暂时固定的作用。以左手拇指、示指沿其背抓住其头颈部皮肤，并以左手小指及掌部夹住鼠尾固定。另一种抓法是只用左手，用示指和拇指抓住鼠尾后再用手掌及小指夹住尾巴，以拇指及示指捏住其颈部皮肤。前一种方法易学，后一种方法便于快速捉拿。

2. 大鼠的抓取固定方法 捉大鼠时，如果动物特别凶恶或操作人员不熟练，最好戴上粗布防护手套。先用右手提起鼠尾根部，很快地顺势将大鼠放在笼盖上或其他粗糙面上，左手压住大鼠躯干，顺鼠尾根部稍加压力迅速向前滑行，行至颈部时，用左手拇指和示指卡住大鼠颈部，其余三指及手掌心握住大鼠上半身背腹部，即可由他人进行实验操作。如果大鼠挣扎厉害，可由他人协助捉取，将大鼠双后肢握在右手，与鼠尾放在一起。

抓取大鼠时特别注意不能抓尾尖部，也不可让动物悬在空中时间太长，因为此时如果动物挣扎摆动，很容易导致尾部皮肤撕脱。此外，握持大鼠时，握颈部的手指不可用力过大，以免造成大鼠窒息死亡。但是，也不能太松，否则大鼠会回头咬伤实验人员的手。

3. 家兔的抓取固定方法 以右手抓住其颈背部皮肤，轻轻把动物提起，迅速以左手托住其臀部，使动物体重主要落在抓取者的左掌心上，以免损伤动物颈部。若单手倒提家兔臀部、单手提家兔背或提家兔耳均系错误抓法。家兔一般不咬人，但脚爪锐利，当被抓取时会挣扎反抗，抓伤操作人员，所以要特别注意其四肢。将家兔仰卧固定，四肢可用粗布带固定，用活结捆绑家兔的四肢，布带一端缚扎于前后脚的膝关节以上部位，两前肢布带在家兔背后交叉穿过，压住对侧前肢后固定在实验台两侧。两后肢左右分开，分别固定在实验台尾端。家兔头部固定，可用特制的兔头夹，也可用棉线将兔的门牙固定于兔手术台的柱子上。

【分组编号和标记】

1. 分组编号

（1）分组编号原则：动物分组应按随机分配的原则，使每只动物都有同等机会被分配到各个实验组中去，否则就会增大各组之间的差别，给实验带来一定的偏差而影响实验结果。特别是运用统计学检验方法来分析实验结果时，要求在随机分组的基础上进行，如果违背了随机分组的原则，就不能准确地进行统计学检验。

动物数量应按实验周期长短、实验类型及统计学要求而定。如果是慢性实验或定期要处死动物的实验，就要考虑选较多的动物，补足动物自然死亡和人为处死动物所丧失的数目，确保实验结束时有合乎统计学要求的动物数量和数据存在。

（2）建立对照组：分组时应特别注意建立对照组。对照组可设立自身对照和平行对照。①自身对照组：是指实验数据而言。实验动物本身在实验处理前、后两个阶段的各项相关数据即分别是对照组和实验组的实验结果。这种方法可以排除生物间的个体差异，对照效果较好。②平行对照组：有正对照组和负对照组两种。给实验动物某种处理，而给正对照组用类似方法进行处理，但不采用实验所要使用的药物或手段。而负对照组不给任何处理。比如某药理学实验过程中，给实验动物每日肌内注射某种药物，而给正对照组动物每日肌内注射同等剂量的生理盐水；负对照组动物则不给任何注射，只是饲养在与实验组和对照组相同的环境和条件下。这样可排除自然发病和其他影响因素的干扰。③分组：具体分组时，应避免人为因素，随机把所有的动物编号，然后令其双数为 A 组（实验组），单数为 B 组（对照组）即可。或反之。严格地说，特别是在要分若干个组时，应该用随机数表进行完全随机化分组。具体方法可参考相关的统计学书籍。

2. 标记

（1）染色法：染色法是用化学药品涂染动物体表一定部位的皮毛，以染色部位、染色颜色的不同来标记区分动物的方法。常用的染色剂有：①0.5%品红溶液，红；②3%～5%苦味酸溶液，黄色。

染色法对白色毛皮动物（如大耳白兔、大鼠和小鼠）都很实用，常用的染色方法有：①直接用染色剂在动物被毛上标号码。此法简单，但如果动物太小或号码位数太多，就不可能采用此法；②用一种染色剂染动物的不同部位，其惯例是先左后右，从上到下；其顺序为左前腿 1 号，左腹部 2 号，左后腿 3 号，头部 4 号，腰部 5 号，尾跟部 6 号，右前腿 7 号，右腹部 8 号，右后腿 9 号，第

10 号不涂色；③用多种染色剂染动物的不同部位。可用另一种颜色作为 10 倍数，照②法染色，配合②法，可编到 99 号。比如要标记 13 号，就可以在左前腿涂上 0.9%品红溶液（红色）。左后腿涂上 3%苦味酸溶液（黄色）。

染色法虽然简单方便，又不给动物造成损伤和痛苦，但这种标记方法对慢性长期动物实验不适用。因为时间久后，颜色可自行消退，加之动物之间互相摩擦，动物舔毛、尿、水浸湿以及动物自然换毛脱毛，容易造成混乱。

（2）挂牌法：挂牌法是将编号烙压在金属牌上，挂在动物身上或笼门上以示区别。

【实验动物的去毛】

动物去毛是手术野的皮肤准备之一。原则是去毛范围应大于手术野，不破坏皮肤的完整性。具体方法如下。

1. 剪毛法　常用于家兔、狗去毛。操作时用剪刀紧贴皮肤依次剪毛，切忌提起皮肤，否则将剪破皮肤。剪下的毛应放入装有少量水的杯中，并可用湿纱布擦去已剪断的毛。

2. 拔毛法　一般用于家兔和狗的静脉注射部位。拔毛除使视野清晰外，还能刺激局部血管扩张。

3. 剃毛法　在进行大动物的慢性实验时用到。

4. 脱毛法　用于动物的无菌手术。一般先将手术野的毛剪短，用脱毛液在局部涂抹后用清水洗去脱落的毛，再涂一薄层（注意手不要直接接触脱毛液），待 2~3min 后用纱布擦干后涂一层凡士林。在此介绍两种常用的脱毛液配方，第 1 种配方：硫化钠 3 份、肥皂粉 1 份、淀粉 7 份，加水调成糊状。第 2 种配方：硫化钠 8g，加水至 100mL，即 8%的硫化钠溶液。

【取血方法】

1. 小鼠和大鼠

（1）尾尖取血：适用于采取少量血样，如血常规检测。取血前应先使鼠尾血管充血，室温低时可用灯照射片刻即可，然后剪去尾尖（也可用锋利刀片切破取血），自尾根部向尾尖部按摩，血液会自尾尖流入试管。取血后用棉球压迫止血或用 4%液体火棉胶涂于伤口。这种方法可重复多次使用。

（2）球后静脉丛取血：用左手拇指及中指抓住鼠头颈部皮肤，示指按压眼睛后使眼球轻度突出，静脉回流受阻，眼底球后静脉丛淤血，左手持特制玻璃吸管或连注射器的粗钝针头，沿着内眦眼眶后壁刺入。刺穿时吸管应由眼内角向喉头方向前进 4~5mm，轻轻旋转再缩回，血液自然进入管内。在得到所需要的血量后，抽出吸管或注射针头。

（3）心脏取血：左手抓住鼠背及颈部皮肤，右手持注射器，在心尖冲动最明显处刺入心室，抽出血液。也可从心肌刺入心室取血。腹部刺入，穿过膈肌刺入心室取血。

（4）断头取血：如在实验结束时取血，可剪去鼠头或剪断一侧颈总动脉，收集自颈部流出的血液。

2. 家兔

（1）家兔耳缘静脉取血：局部去毛，用电灯照射加热或乙醇或二甲苯棉球涂擦，使静脉扩张，再以石蜡油涂于耳缘，防止流出的血液凝固。用粗针头将静脉刺破或刀切小口后让血自然滴入已放入抗凝剂的试管中。

（2）心脏取血：将动物仰卧，在第3肋间胸骨左缘3cm心尖冲动最明显处将针与胸壁垂直刺入胸腔。当持针手感到心脏搏动时，再稍刺即入心脏。然后抽出血液。取针时，针头宜直入直出，勿在胸腔内左右摆动，动作应迅速。

【动物处死】

动物实验结束后，不再继续观察的动物需要将其处死。处死的方法根据动物的种类、大小及实验目的而定。

1. 空气栓塞法 用50mL注射器，抽进空气，向静脉血管迅速注入空气，气体栓塞血管而致动物死亡。使家兔死亡的空气量为10～20mL。

2. 放血法 大小动物均可使用此法。从颈总动脉或股动脉放血，造成大出血休克而死亡。

3. 化学药物致死法 此法适用于各种动物，静脉内注入一定量的氯化钾、过量麻药等可使动物很快死亡。

4. 打击法 适用于小鼠、大鼠及家兔等动物。例如，大鼠处死，手提起大鼠尾部，用力摔打，使头部碰地可立即死亡。或用木槌击打头部，使大脑中枢受破坏而死。

5. 颈椎脱臼法 常用于小鼠。常用左手或大镊子压住鼠头，右手抓住鼠尾向后拉，使颈椎脱臼，动物迅速死亡。

【知识拓展】实验动物分级及其标准

（一）根据实验动物微生物控制标准分级

1. 一级 普通动物（CV），系指微生物不受特殊控制的一般动物。要求排除人畜共患病的病原体和极少数的实验动物烈性传染病的病原体。为防止传染病，在实验动物饲养和繁殖时，要采取一定的措施，应保证其用于测试的结果具有反应的重现性（即不同的操作人员，在不同的时间，用同一品系的动物按规定的实验规程所做的实验，都能获得几乎相同的结果）。

2. 二级 清洁动物（CL），要求排除人畜共患病及动物主要传染病的病原体。

3. 三级 无特殊病原体动物（SPF），要求到二级外，还要排除一些规定的病原体。其除菌与灭菌的方法，可使用高效空气过滤器除菌法、紫外线灭菌法、三甘醇蒸气喷雾法及氯化锂水溶液喷雾法。

4. 四级 无菌动物（GF）或悉生动物（GN）。无菌动物要求不带有任何用现有方法可检出的微生物。悉生动物要求在无菌动物体上植入一种或数种已知的微生物。

（二）在病理学检查上，四类实验动物也有不同的病理检查标准

1. 一级 外观健康，主要器官不应有病灶。
2. 二级 除一级指标外，显微镜检查无二级微生物病原的病变。
3. 三级 无特殊病原体动物。无二、三级微生物病原的病变。
4. 四级 不含二、三级微生物病原的病变，脾、淋巴结是无菌动物组织学结构。

因此，对不同级别的实验动物在动物房设计上和管理上则有不同的要求。无菌、已知菌及无特殊病原体动物都需要在无菌或尽可能无菌的环境里饲养，这种环境，目前国际上通称为屏障环境，即用一道屏障把动物与周围污染的环境隔开，就如胎鼠在母鼠子宫内一样。这种环境从控制微生物的角度分为隔离系统、屏障系统、半屏障系统、层流架系统和开放系统等五大类。

（1）隔离系统：是在带有操作手套的容器中饲养动物的系统，用于饲养无菌动物和悉生动物。内部保持按微生物要求的100级的洁净度，但其设置的房间及操作人员不必按无菌室考虑。

（2）屏障系统：把10 000～100 000级的无菌洁净室作为饲养室，主要用于无特殊病原体动物的长期饲养和繁殖。入室施行严格管理，如淋浴、换贴身衣服等。

（3）半屏障系统：放宽对屏障系统中人及物出入房间时的管理，平面组成大致与屏障系统相同。

（4）层流架系统：笼具放在洁净的水平层流空气中。常用于小规模饲养，但在一般房间进行饲养、操作和处理时有被污染的危险性。本系统可用于半屏障系统的补充。

（5）开放系统：是对人、物、空气等进出房间均不施行消除污染的系统，但通常要进行某种程度的清洁管理。

【学生目标考核】
1. 能够正确和快速地抓取和固定大鼠、小鼠和家兔。
2. 根据具体实验要求，正确选择实验动物、实验动物的性别及年龄。
3. 学会实验动物的分组，特别注意建立对照组，掌握自身对照组和平行对照组的概念。
4. 学会实验动物标记的各种方法，并在具体实验中选择合适的标记方式。
5. 了解大鼠、小鼠和家兔的各种取血方式。
6. 学会颈椎脱臼法处死小鼠，学会空气栓塞法处死家兔。

（马卫列）

第二章　基本训练型实验

本章实验是在掌握前面基本操作之后的进一步熟练操作，以提高实验技能，通过这部分实验训练，最终达到熟练运用各种实验仪器，自如操作，能熟练并准确将实验指导中文字内容转变为自己的具体操作。所以这部分实验以实验训练为目的，以经长期教学实践证明对于医学院校学生理解医学各学科理论体系有很好辅助作用的实验项目为主要内容。

实验 4　考马斯亮蓝染料法测定蛋白质浓度

【实验目的】
1. 掌握考马斯亮蓝染料法测定蛋白质浓度的原理。
2. 学会用考马斯亮蓝染料法测定蛋白质浓度。
3. 了解蛋白质浓度测定的其他方法及其优缺点。

【实验原理】
1976 年，Bradford 等人建立了利用考马斯亮蓝 G-250（Coomassie brilliant blue G-250）染料测定蛋白质浓度的方法，也称为 Bradford 法。该方法根据在一定浓度的乙醇及酸性溶液中，考马斯亮蓝 G-250 染料与蛋白质结合后，产生蓝色复合物，反应迅速而稳定。反应复合物在 595nm 波长处有最大光吸收值，吸光值与溶液中蛋白质含量在一定浓度范围内有较好的线性关系，因此可通过检测 595nm 波长处的光吸收值并对照标准蛋白质的光吸收值，计算出蛋白质浓度。

【实验器材】
主要仪器：UV-2100 型紫外-可见光分光光度计、旋涡混合器。

【实验试剂】
1. 标准蛋白质溶液（1.0mg/mL）　准确称取 100mg 牛血清白蛋白（BSA），在 100mL 容量瓶中加 0.15mol/L NaCl 溶液至刻度，定容后分装，–20℃保存。本试剂用于制作标准曲线。

2. 考马斯亮蓝 G-250 染液　称取 100mg 考马斯亮蓝 G-250，溶于 50mL 95%乙醇溶液中，加入 100mL 85%磷酸溶液，混匀后补加蒸馏水至 1L。过滤后储存于棕色瓶内，4℃保存备用。使用时将考马斯亮蓝 G-250 染液放置到室温后再用，以提高检测的灵敏度。染液常温下可保存 1 个月，如变为绿色则不能使用。

该试剂的作用原理：在酸性溶液中，考马斯亮蓝 G-250 染料主要通过范德瓦耳斯力与蛋白质中的碱性氨基酸（主要是精氨酸）和芳香族氨基酸残基相结合，使考马斯亮蓝 G-250 染料的最大光吸收峰位置由 465nm 移至 595nm。

3. 未知蛋白质溶液　浓度控制在 1.0mg/mL 左右。

【实验步骤】

1. 标准方法

（1）取 10 支试管并编号，按表 2-1 顺序和用量加入标准蛋白质溶液、未知蛋白质溶液、0.15mol/L NaCl 和考马斯亮蓝 G-250 染液。其中：1 号管作为空白管，加入 0.1mL 0.15mol/L NaCl；2～7 号管加入不同体积的标准蛋白质溶液，并用 0.15mol/L NaCl 补足至 0.1mL，用于制作标准曲线，同时每一标准溶液管应做 2～3 次重复；8～10 号管作为未知样品管，每一样品管也应当做 2～3 次重复。各试管中分别加入 5.0mL 考马斯亮蓝 G-250 染液，立即在旋涡混合器上混匀。

表 2-1 操作步骤

加入物（mL）	管号									
	1	2	3	4	5	6	7	8	9	10
标准蛋白质溶液（1.0mg/mL）	0	0.01	0.02	0.04	0.06	0.08	0.10	—	—	—
未知蛋白质溶液（约 1.0mg/mL）	—	—	—	—	—	—	—	0.02	0.04	0.06
0.15mol/L NaCl 溶液	0.1	0.09	0.08	0.06	0.04	0.02	0	0.08	0.06	0.04
考马斯亮蓝 G-250 染液	5.0	5.0	5.0	5.0	5.0	5.0	5.0	5.0	5.0	5.0
各管中蛋白质含量（mg/mL）										
A_{595}										

（2）振荡混匀后，室温放置 2～5min。使用旋涡混合器混匀样品时不要太剧烈，以免产生大量气泡而难于消除。

（3）以 1 号管作为空白对照，在 UV-2100 型紫外-可见光分光光度计上测定各样品在 595nm 波长处的光吸收值（A_{595}）。

由于显色结果受时间和温度的影响较大，应确保样品与标准品的测定控制在同一条件下进行。另外，由于染料易吸附在比色皿上而造成误差，建议比色时使用一次性塑料比色皿。如果使用玻璃比色皿，用后立即用少量 95%乙醇清洗。每次更换检测液时，应及时用乙醇洗涤比色皿，再用蒸馏水冲洗残留的乙醇。也可将比色杯在 0.1mol/L HCl 中浸泡数小时，再冲洗干净使用。

（4）以标准蛋白质含量（mg/mL）为横坐标、标准蛋白质光吸收值 A_{595} 的平均值为纵坐标，绘制标准曲线。

（5）计算未知样品的平均光吸收值，使用标准曲线，可查出各管未知样品蛋白质的含量。

2. 微量法 当样品中蛋白质含量较低时（10～100μg/mL），可将取样量（包括补加的 0.15mol/L NaCl）加大到 0.5mL 或 1.0mL，空白对照则分别为 0.5mL 或 1.0mL 0.15mol/L NaCl 溶液，考马斯亮蓝 G-250 染液加 5.0mL，同时作相应的标准曲线，测定 595nm 波长处的光吸收值。

【结果与分析】

1. 结果计算 未知蛋白质的浓度（mg/mL）=从标准曲线查出值×样品稀释倍数。未知蛋白质的最终浓度以各样品管的浓度平均值表示。

2. 结果分析 请根据自己的实验结果，分析未知蛋白质样品测定结果是否在标准曲线线性范围内、测定结果平均值与样品实际值的误差等。由于考马斯亮蓝 G-250 染料法是一种高灵敏度的定量方法，易受去污剂的影响，标准蛋白质溶液及未知蛋白质溶液的用量比较少，加样的准确与否直接影响蛋白质的定量结果，因此应分析测定过程的操作误差、去污剂的影响等。

【实验应用】

本法为常用的测定蛋白质浓度方法之一，在临床研究中可适用于脑脊液和尿液中微量蛋白质的测定。

【方法评价】

1. 考马斯亮蓝染料法的优点

（1）灵敏度高：该法比紫外光吸收法灵敏 10～20 倍，比双缩脲法灵敏 100 倍以上，比 Lowry 法约高 4 倍，其最低蛋白质检测限可达 1μg。这是由于蛋白质与染料结合后产生的颜色变化很大，蛋白质—染料复合物有更高的消光系数，因而光吸收值随蛋白质浓度的变化比 Lowry 法要大得多。

（2）测定快速、简便，只需加一种试剂：染料与蛋白质结合大约只需 2min 即可完成，反应在 5min 后显色充分，且在 5～15min 颜色的稳定性最好，故本法不需像 Lowry 法那样费时和严格地控制时间。

（3）干扰物质少：干扰 Lowry 法测定的 K^+、Na^+、Mg^{2+}、三羟甲基氨基甲烷（Tris）、巯基乙醇、蔗糖、甘油、乙二胺四乙酸（EDTA）等较少干扰此测定法。

2. 考马斯亮蓝染料法的缺点

（1）由于各种蛋白质中精氨酸和芳香族氨基酸的含量不同，与染料的结合量也不相同，因此该法对那些与标准蛋白质氨基酸组成差异较大的蛋白质测定误差较大。制作标准曲线时应选用与待测蛋白质氨基酸组成相似的标准蛋白质，以减少误差。

（2）本法对去污剂敏感，测定受高浓度去污剂的影响。反应液中十二烷基硫酸钠（SDS）、Triton X-100 应低于 0.1%，Tween-20、Tween-60、Tween-80 应低于 0.06%。

（3）标准曲线有轻微的非线性，因而不能用朗伯-比尔（Lambert-Beer）定律进行计算，只能用标准曲线来测定未知蛋白质的浓度，且线性范围不宽。

【知识拓展】

蛋白质浓度的测定是生物化学与分子生物学研究中经常涉及的分析内容之一。由于蛋白质种类繁多，结构、分子量及功能千差万别，因此很难建立一种通用的蛋白质浓度分析方法。目前主要根据蛋白质的理化性质建立相应的测定方法，主要有：①基于蛋白质的含氮量进行分析，如凯氏定氮法（Kjeldahl 法）。②基于蛋白质中芳香族氨基酸的紫外光吸收特性进行分析，如紫外光（A_{280}）吸收法。③基于蛋白质与染料或不同试剂的化学显色反应进行分析，如考马斯亮蓝染料法（Bradford 法）、Lowry 法（Folin-酚试剂法）、二喹啉甲酸（BCA）检测法和双缩脲法（Biuret）等。每种测定方法都有其优缺点，因此选择蛋白质浓度的测定方法时应考虑：实验对测定所要求的灵敏度和精确度；蛋白质的性质；蛋白质样品的均一性；溶液中存在的干扰物质；测定所花费的时间及测定所需的仪器等。下面简单介绍二喹啉甲酸（BCA）检测法和紫外光吸收法。

1. 二喹啉甲酸（BCA）检测法　二喹啉甲酸（bicinchoninic acid，BCA）检测法是一种改良的 Lowry 法，反应简单且几乎没有干扰物质的影响。在碱性条件下，蛋白质分子中的肽键能与 Cu^{2+} 生成络合物，同时将 Cu^{2+} 还原为 Cu^{+}。BCA 试剂可敏感特异地与 Cu^{+} 结合，形成稳定的紫红色络合物，在 562nm 波长处有最大光吸收值。在一定的浓度范围内，颜色的深浅与蛋白质的浓度成正比，故可通过测定其在 562nm 波长处的光吸收值，并与标准曲线对比，计算待测蛋白质的浓度。

BCA 检测法常用于微量蛋白质的检测。该法的优点如下：①灵敏度高：其灵敏度为 0.5～10μg/mL。②稳定：此法线性范围较宽，呈色稳定，检测不同蛋白质分子的变异系数相对较小。③干扰因素少：影响 Lowry 法的许多干扰物质往往并不影响 BCA 检测法的测定结果。BCA 检测法的缺点是：①反应时间长，较费时。②当样品中含有硫醇、葡萄糖、蔗糖、EDTA 及 NH_4^+ 时，该方法会受到一定的影响，不过针对不同的干扰物可通过不同的方法加以消除。

2. 紫外光吸收法　蛋白质分子中常含有一定量的酪氨酸、苯丙氨酸和色氨酸残基，其苯环的共轭双键使蛋白质具有吸收紫外光的性质，并且在接近 280nm 波长处有最大吸收峰。在此波长范围内，其吸光度与蛋白质的含量成正比，故可作为蛋白质定量测定的依据。可选用一种与待测样品蛋白质氨基酸组成相近的蛋白质纯品作为标准品，采用标准曲线法进行测定。标准蛋白质溶液配制的质量浓度为 1.0mg/mL。

核酸对紫外光有很强的吸收作用，其最大吸收峰在 260nm 波长附近，因此含有核酸的蛋白质溶液，必须同时测定 280nm 和 260nm 波长处的光吸收值 A_{280} 和 A_{260}，利用经验公式计算蛋白质的浓度。当 $A_{280}/A_{260}<1.5$ 时，用 Lowry-Kalokar 公式计算，蛋白质的浓度（mg/mL）=$1.45\times A_{280}-0.74\times A_{260}$。当 A_{280}/A_{260}

>1.5 时，用 Lambert-Beer 定律计算，蛋白质的浓度（mg/mL）= $\dfrac{A_{280}}{E_{1cm}^{1\%}} \times 10$。$E_{1cm}^{1\%}$ 为标准吸光系数，即蛋白质溶液浓度为 1%，光径为 1cm 时的光吸收值。为简便起见，对于混合蛋白质溶液，可用 A_{280} 乘以 0.75 代表其中蛋白质的大致含量（mg/mL）。

紫外光吸收法的优点是简便、灵敏、快速，不消耗样品，且无须添加任何试剂和预处理，因而可保证样品的生物活性，测定后能回收使用。低浓度的盐和大多数缓冲液不干扰测定，特别适用于柱层析洗脱液的快速连续检测。该法的缺点是测定蛋白质浓度的准确度较差，干扰物质多，用标准曲线法测定蛋白质浓度时，对那些与标准蛋白质中酪氨酸和色氨酸含量差异大的蛋白质，有一定的误差。

【学生目标考核】

1. 掌握考马斯亮蓝 G-250 染料法测定蛋白质浓度的原理。熟悉其他测定方法的基本原理，并了解不同方法的优缺点，能够在以后的实际工作中根据需要选择合适的蛋白质浓度的测定方法。

2. 能够明白标准曲线的作用，理解在蛋白质浓度测定过程中为什么要使用标准曲线。

3. 熟练掌握蛋白质标准曲线的绘制方法，并能利用标准曲线计算未知蛋白质的浓度。

4. 学会分析实验结果。如果用本实验方法所得的测定值与样品的实际值之间有误差，要对可能引起的原因进行分析。

（张志珍）

实验 5　醋酸纤维素薄膜电泳分离血清蛋白质

【实验目的】

1. 掌握醋酸纤维素薄膜电泳法分离蛋白质的原理。

2. 掌握醋酸纤维素薄膜电泳的基本操作过程。

3. 了解影响电泳速度的因素。

【实验原理】

蛋白质是一种两性电解质，具有两性解离的特性。蛋白质所带电荷的性质与其环境的 pH 有关，当环境的 pH 大于蛋白质的等电点（isoelectric point，pI）时，蛋白质带负电荷；当环境的 pH 小于蛋白质的等电点时，蛋白质带正电荷。血清中各种蛋白质的等电点大都小于 pH 7.0（表 2-2），在 pH 8.6 缓冲液中，它们都带负电荷，在电场中向正极移动。由于血清中各种蛋白质的等电点不同，因而在相同的 pH 条件下所带电荷量不同，而且由于各种蛋白质的分子量大小与分子形状也不相同，因而在电场中的泳动速度也不相同，可以利用其泳动速度的不同进行分离。

表 2-2　人血清中各种蛋白质的等电点及分子量

蛋白质名称	等电点（pI）	分子量（M_r）
白蛋白	4.88	69 000
α_1 球蛋白	5.06	200 000
α_2 球蛋白	5.06	300 000
β球蛋白	5.12	90 000～150 000
γ球蛋白	6.85～7.50	156 000～300 000

本实验用醋酸纤维素薄膜作为支持物，将血清置于电场中进行电泳，可将血清蛋白质分离为白蛋白、α_1 球蛋白、α_2 球蛋白、β 球蛋白及 γ 球蛋白五个区带。待蛋白质电泳分离后，可用染色剂（氨基黑 10B）进行染色，将蛋白质条带显色。由于蛋白质的量与结合的染料量成正比，故可将各蛋白质区带剪下，分别用 0.4mol/L NaOH 溶液浸洗下来，通过比色测定其相对含量。也可将染色后的醋酸纤维素薄膜直接用光密度扫描仪扫描，分析其相对含量。

【实验器材】

1. 主要仪器　国产普通电泳仪、平悬式电泳槽。

2. 实验材料　醋酸纤维素薄膜条（2cm×8cm）。醋酸纤维素薄膜是纤维素的醋酸酯，由纤维素的羟基经乙酰化而制成。它溶于丙酮等有机溶液中，即可涂布成均匀细密的微孔薄膜，厚度介于 0.1～0.15mm。

【实验试剂】

1. 巴比妥缓冲液（pH 8.6，离子强度 0.075）　称取巴比妥钠 15.458g，巴比妥 2.768g，溶于 1000mL 蒸馏水中，用 pH 计校正后使用。本试剂主要用于浸透、平衡醋酸纤维素薄膜，并作为电泳缓冲液。

2. 氨基黑 10B 染色液　称取氨基黑 10B 0.5g，加冰醋酸 10mL 及甲醇 50mL，混匀后用蒸馏水稀释至 100mL。本试剂主要用于电泳后蛋白质的染色。

3. 漂洗液　取 95%乙醇溶液 45mL，加冰醋酸 5mL 混匀后，用蒸馏水稀释至 100mL。本试剂主要用于蛋白质染色后背景色（未结合蛋白质的染料）的脱色。

4. 浸出液　0.4mol/L NaOH 溶液，主要用于将结合在蛋白质上的染料浸洗下来，通过对浸出的染料比色可测定各蛋白质组分的相对百分含量。

5. 透明液　冰醋酸 25mL、无水乙醇 75mL，混匀即可。本试剂主要用于制作背景透明的电泳图谱，此图谱可用光密度扫描仪定量分析各蛋白质组分，还可长期保存。

【实验步骤】
1. 点样

（1）将醋酸纤维素薄膜条浸入 pH8.6 巴比妥缓冲液中，完全浸透（至薄膜上无白色斑痕）取出，用滤纸吸去多余缓冲液。

浸泡前，应选用同一批号、厚度均匀、质量良好的醋酸纤维素薄膜条。由于醋酸纤维素薄膜亲水性比滤纸小，故应浸泡 30min 以上，以保证膜条上有一定量的缓冲液，并使其恢复到原来多孔的网状结构。

（2）用盖玻片蘸取新鲜血清，印在薄膜无光泽面（即粗面）距顶端约 1.5cm 处，待血清完全渗入薄膜后移开，见图 2-1。

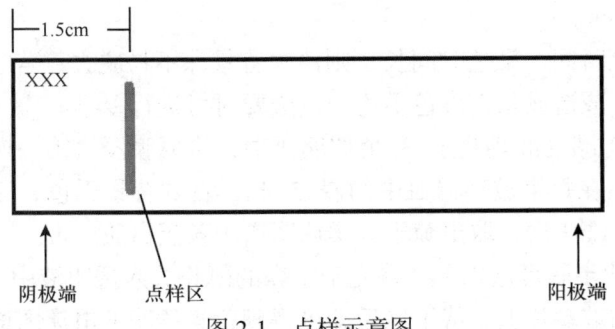

图 2-1　点样示意图

点样好坏是获得理想图谱的重要环节之一。为防止指纹污染，取膜时，应戴手套或用镊子。点样时，应将膜条表面多余的缓冲液用滤纸吸去，吸水量以不干不湿为宜。

点样量不宜过多。如点样量过大，则电泳后区带分离不清楚，甚至互相干扰，染色也较费时。血清蛋白质常规电泳分离时，每厘米加样线点样量不超过 1μL，相当于 60～80μg 的蛋白质。但糖蛋白和脂蛋白电泳时，点样量则应多些。对每种样品点样量均应先作预实验加以选择。

点样应细窄、均匀、集中，动作应轻、稳，用力不能太重，以免将薄膜弄坏或印出凹陷而影响电泳区带分离效果。点样必须一次性完成，切勿重复点样。

2. 电泳　将点样后的薄膜条置于电泳槽架上，点样面朝下，点样端置于阴极。在薄膜两端分别搭上 2～4 层滤纸，连接缓冲液。薄膜条与滤纸须贴紧，恒压 100V 电泳约 50min，见图 2-2。

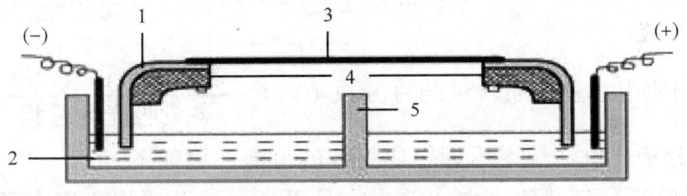

图 2-2　醋酸纤维素薄膜电泳槽剖面图

1. 盐桥（滤纸）；2. 巴比妥缓冲液；3. 醋酸纤维素薄膜；4. 支架；5. 电泳槽

电泳时，要选择合适的缓冲液。若缓冲液的浓度过低，则区带泳动速度快，并且易于扩散变宽；若缓冲液浓度过高，则区带泳动速度慢，区带分布过于集中而不易分辨。血清蛋白质电泳可选用 pH8.6、离子强度 0.075 的巴比妥缓冲液或硼酸缓冲液，氨基酸的分离可选用 pH7.2 的磷酸盐缓冲液。

电泳过程中，应选择合适的电压或电流强度。一般电流强度为 0.4～0.5mA/cm 膜宽为宜。电流强度高，尤其在温度较高的环境中，可引起蛋白质变性或由于热效应引起缓冲液中水分蒸发，使缓冲液浓度增加，造成膜条干涸。电流过低，则样品泳动速度慢且易扩散。

3. 染色 用镊子将电泳后的薄膜取出，直接浸入盛有氨基黑10B 染色液的器皿中，染色 2～5min。

应控制染色时间。染色时间长，则薄膜背景深不易脱去；若时间短，则着色浅，不易区分，或造成条带染色不均匀，必要时可进行复染。

4. 漂洗 将漂洗液盛装于 3 个玻璃皿中，将薄膜浸入第一皿，依次转入第二皿、第三皿，在每个玻璃器皿中约浸 5min，直到背景无色、区带清晰为止，最后在清水中浸洗 1 次，取出晾干，辨认图谱中各蛋白质区带。

5. 透明（此步骤可选作） 将完全干燥的薄膜放入透明液中 10～20min，取出平贴于干净的玻璃片上，待干燥后即可得到背景透明的电泳图谱。此图谱可长期保存。

透明前薄膜应完全干燥。透明时间应掌握好，如果在透明液中浸泡时间太长则薄膜溶解，太短则透明度不佳。

6. 定量

（1）洗脱法：剪下薄膜上各条蛋白质色带，另取一条与各区带近似宽度的无蛋白附着的空白薄膜，分别浸于 4.0mL 0.4mol/L NaOH 溶液中，37℃水浴 5～10min，薄膜上的颜色浸出后，用分光光度计在 590nm 波长处比色，以空白膜条洗出液作为空白管调零，测定各管的吸光度值，计算各蛋白质组分的相对百分含量。

（2）光密度扫描法：可用光密度扫描仪分析背景透明的电泳图谱，计算各条带蛋白质组分的相对含量。

【结果与分析】

1. 请绘出各蛋白质区带图谱，说明电泳后观察到的条带数目，指出各种蛋白质在薄膜上的位置，分析实验结果或临床意义。

2. 结果计算

每种蛋白质占总蛋白质含量的百分数（%）= $\dfrac{\text{该蛋白质管吸光度}}{\text{各管吸光度总和}} \times 100\%$

3. 结果分析 电泳结果不理想或失败的可能原因如下。

（1）醋酸纤维素薄膜：电泳前未充分平衡，过分干燥出现白斑；膜弯曲；表面缓冲液过多。

（2）缓冲溶液：浓度过高；使用次数太多，时间过长使浓度改变；薄膜与缓冲液接触不良。

（3）点样：样品量太多；点样不整齐；起始位置错误；蛋白质样品未点在薄膜的粗糙面。

（4）电泳：时间过长或过短；电泳槽密闭性不好；电流太大；温度过高。

（5）染色和透明：染色液使用次数太多导致 pH 改变；薄膜未完全干燥时进行透明处理。

【实验应用】

1. 由于醋酸纤维素薄膜电泳操作简单、快速、价廉，目前已广泛用于分析检测血浆蛋白、脂蛋白、糖蛋白、胎儿甲种球蛋白、体液、脊髓液、脱氢酶、多肽、核酸及其他生物大分子，为心血管疾病、肝硬化及某些癌症鉴别诊断提供了可靠的依据，因而已成为医学和临床检验的常规技术。

2. 临床意义　血清中各种蛋白质的含量为：白蛋白，57%～72%；α_1 球蛋白，2%～5%；α_2 球蛋白，4%～9%；β 球蛋白，6.5%～12%；γ 球蛋白，12%～20%。肾病、弥漫性肝损害、肝硬化、原发性肝癌、多发性骨髓瘤、慢性炎症、妊娠等都可使白蛋白下降。肝硬化时白蛋白显著降低，γ 球蛋白升高 2～3 倍；肾病综合征时白蛋白降低，α_2 球蛋白和 β 球蛋白升高。

【方法评价】

1. 醋酸纤维素薄膜电泳的优点

（1）操作简单、快速、价廉：与纸电泳相比，由于醋酸纤维素薄膜亲水性较滤纸小，电渗作用小，所以分离速度快，电泳时间短，一般电泳 45～60min 即可，加上染色，脱色，整个电泳完成仅需 60～100min。与聚丙烯酰胺凝胶电泳相比则操作简单且价廉。

（2）电泳后区带界限清晰：醋酸纤维素薄膜对各种蛋白质几乎不吸附，因此无拖尾现象。染色后背景能完全脱色，各种蛋白质条带分离清晰，因而测定的精确性较高。

（3）灵敏度高、样品用量少：仅需 2μL 血清，加样体积可少至 0.1μL，仅含 5μg 蛋白质样品也可得到清晰的分离带。临床上可检测病理条件下微量异常蛋白质的改变。

（4）对染料没有吸附，因此不结合的染料能完全洗掉，无样品处背景几乎完全无色。

（5）易于定量和长期保存：电泳后的醋酸纤维素薄膜经染色后，可对各蛋白质组分进行定量。经冰醋酸、乙醇混合液或其他溶液浸泡后可制成透明的干板，有利于扫描定量及长期保存。

2. 醋酸纤维素薄膜电泳的缺点

（1）不适于制备：由于醋酸纤维素薄膜厚度小，样品用量很小，不适于制备。

（2）分辨率比聚丙烯酰胺凝胶电泳低：血清蛋白质通过醋酸纤维素薄膜电泳只能分离出 5~6 条区带，而通过聚丙烯酰胺凝胶电泳可分离出十几条乃至几十条区带。

【知识拓展】

电泳是指带电颗粒在电场中向着与其电性相反的方向移动的现象，可通过电泳将蛋白质、多肽、氨基酸、核酸、核苷酸、有机物、无机离子等进行分离。1809 年，俄国物理学家首次发现了电泳现象。1907 年，有研究者曾用琼脂作为支持物，进行了白喉毒素的电泳研究。1937 年，瑞典化学家 Tiselius 发明了电泳仪，建立了分离蛋白质的移动界面的电泳方法，他利用该方法首次成功地将血清蛋白质分为白蛋白及 α 球蛋白、β 球蛋白、γ 球蛋白，并因此于 1948 年获得诺贝尔化学奖。由此使人们开始认识到电泳技术对生物学研究的重要性。1940 年左右，以滤纸作为支持物的电泳方法问世，人们用纸电泳技术分离了氨基酸和蛋白质，电泳技术随之得到迅速发展。后来发展的聚丙烯酰胺凝胶电泳技术，使电泳的分辨率进一步提高。

不同的带电颗粒在同一电场中泳动的速度不同，影响颗粒泳动速度的因素有粒子本身的特性和外界因素。

1. 粒子本身的特性

（1）粒子所带的净电荷：带净电荷越多，泳动速度越快，反之越慢。

（2）粒子的大小与形状：颗粒的分子量越小、越接近球形，泳动速度越快，反之越慢。

2. 外界因素

（1）电渗：由于介质吸附水中的 H^+ 或 OH^- 而使其表面溶液相对带电，在电场作用下，介质的溶液向正极或负极移动，这种现象称为电渗。电渗与电泳同时存在，其方向可与电泳方向相同或相反。粒子的泳动速度等于电泳速度和电渗速度的矢量之和。

（2）介质的 pH（常用一定的缓冲液维持）：介质的 pH 与粒子的等电点相差越大，粒子所带的净电荷越多，泳动速度则越快。

（3）缓冲液的离子强度：离子强度过低，则缓冲液容量小，不易维持缓冲液 pH 的稳定；离子强度过高则降低蛋白质的带电量，使电泳速度减慢。

（4）电场强度：即单位距离的电势差，在介质一定时取决于电压的大小。电压越高则泳动速度越快。

【学生目标考核】

1. 理解蛋白质的两性解离及等电点，能根据等电点确定蛋白质在某一特定 pH 的缓冲液中所带的净电荷，进而确定蛋白质在电场中泳动的方向。熟悉人血清蛋白质的种类及其等电点，掌握醋酸纤维素薄膜电泳分离血清蛋白质的基本原理。

2. 熟练掌握醋酸纤维素薄膜电泳的点样、电泳、染色、漂洗等过程，清楚每一操作步骤的注意事项，避免出现错误，最终获得理想的血清蛋白质电泳图谱。为电泳技术用于后续的临床实践打下基础。

3. 学会观察分析电泳图谱，能够理解 5 种血清蛋白质所处位置不同的原因。能够对不同的蛋白质条带进行定量分析。

4. 了解影响颗粒泳动速度的内在因素和外界因素，如果电泳结果不理想或者失败，要对可能的原因进行分析。

（张志珍）

实验 6　Hanes 作图法测定兔血红细胞过氧化氢酶 K_m 值

【实验目的】

1. 掌握用 Hanes 作图法测定酶的米氏常数 K_m 值的原理。

2. 熟练掌握氧化还原滴定法的原理及操作。

【实验原理】

米氏方程描述的是底物浓度与反应速度的关系，即 $V = \dfrac{V_{max}[S]}{K_m + [S]}$，其关系曲线是矩形双曲线（图 2-3）。

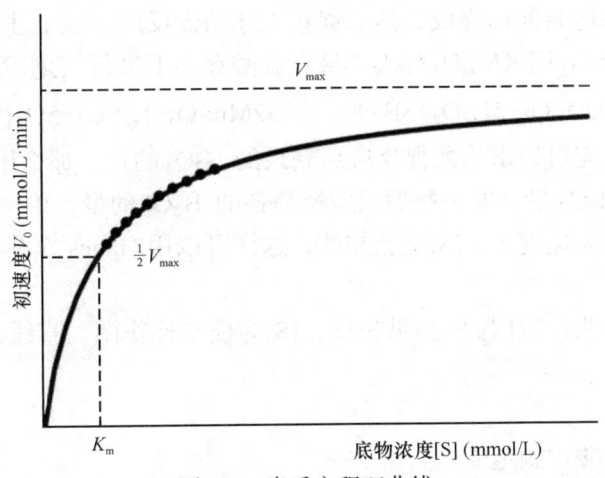

图 2-3　米氏方程双曲线

如果直接利用双曲线作图求 K_m，在双曲线转弯处需要测定很多个点，才能保证误差小。此外，曲线作图本身有一定的局限性，误差大、耗时长，不利于在实验室进行。因此，将米氏方程进行转换：

$V = \dfrac{V_{max}[S]}{K_m + [S]}$ 两边同时取倒数，得到 $\dfrac{1}{V} = \dfrac{K_m}{V_{max}} \cdot \dfrac{1}{[S]} + \dfrac{1}{V_{max}}$

这个方程称为林-贝氏方程，在此基础上两边同时乘以[S]，得到：

$$\frac{[S]}{V} = \frac{K_m}{V_{max}} + \frac{1}{V_{max}}[S]$$

这个方程称为 Hanes 方程，此时以 $\frac{[S]}{V}$ 为应变量，以[S]为自变量，就可得到一条直线，直线在横轴上的截距即为$-K_m$（图 2-4），这就是利用该方程作图可以求出酶的 K_m 的原理。

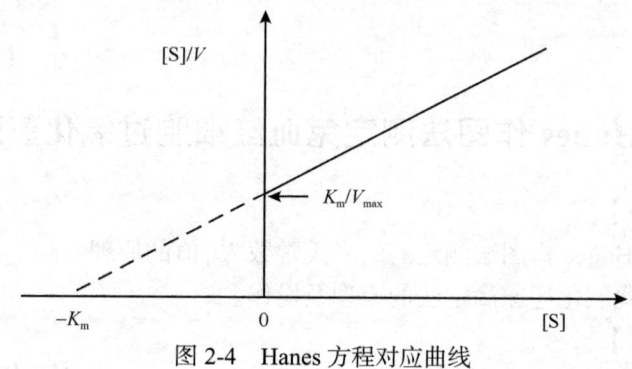

图 2-4 Hanes 方程对应曲线

本实验测定兔血红细胞中过氧化氢酶的 K_m 值，过氧化氢酶催化下列反应：

$$2H_2O_2 \xrightarrow{\text{过氧化氢酶}} 2H_2O + O_2\uparrow$$

反应是在规定时间内完成，然后终止上述酶促反应。在上述反应中 H_2O_2 是过量的，剩余 H_2O_2 用 $KMnO_4$ 标准溶液在硫酸存在下进行氧化还原滴定：

$$2KMnO_4 + 5H_2O_2 + 3H_2SO_4 \longrightarrow 2MnSO_4 + K_2SO_4 + 5O_2\uparrow + 8H_2O$$

通过滴定反应可以求出酶促反应后剩余的 H_2O_2 的量，那么用加入的 H_2O_2 总量减去剩余的 H_2O_2 量，即为酶促反应所消耗的 H_2O_2 的量，单位时间内 H_2O_2 浓度的减少就是反应速度 V，[S]是已知的，这样可以用 Hanes 作图法求出过氧化氢酶的 K_m 值。

Hanes 作图法：以[S]/V 为纵坐标，[S]为横坐标作图，直线在横轴上的截距即为$-K_m$。

【实验器材】

主要仪器：酸式滴定管。

【实验试剂】

1. 0.05mol/L 草酸钠标准液 将草酸钠（分析纯）用 100~105℃烘 12h，去除所带结晶水，冷却后，准确称取 0.67g，用水溶解倒入 100mL 的容量瓶中，加入浓 H_2SO_4 5mL，加蒸馏水至刻度，充分混匀，此溶液可贮存数周。其作用是用来滴定 $KMnO_4$ 溶液浓度。

2. 0.02mol/L $KMnO_4$ 贮存液 称取 $KMnO_4$ 3.4g，溶于 1000mL 蒸馏水中，

加热搅拌,待全部溶解后,用表面皿盖住,在低于沸点温度上加热数小时,冷后放置过夜,玻璃丝过滤,棕色瓶内保存。

3. 0.004mol/L KMnO₄ 应用液　取 0.05mol/L 草酸钠标准液 20mL 于锥形瓶中,加浓 H_2SO_4 1mL,于 70℃水浴中用 $KMnO_4$ 贮存液滴定至微红色,根据滴定结果算出 $KMnO_4$ 贮存液的标准浓度,稀释成 0.004mol/L,每次稀释都必须重新标定贮存液。它的作用是滴定酶促反应后剩余 H_2O_2 溶液。

4. 0.08mol/L H_2O_2 溶液　取浓度约 20% H_2O_2 用 0.004mol/L $KMnO_4$ 标定出准确浓度后,稀释至所需浓度。

5. 25% H_2SO_4 溶液　主要作用是使过氧化氢酶变性失活,终止酶促反应,以便使反应在规定的时间内进行,另外为后续的氧化还原滴定提供必需的酸性条件。

6. 0.2mol/L 磷酸盐缓冲液(pH7.0)　取 0.2mol/L Na_2HPO_4 溶液 610mL,0.2mol/L NaH_2PO_4 溶液 390mL,均匀混合,可得 pH7.0 的 0.2mol/L 磷酸盐缓冲液 1000mL。

7. 稀释血液　吸取新鲜(或肝素抗凝)血液 0.1mL,用蒸馏水稀释至 10mL,混匀。取此稀释血液 1.0mL,用磷酸盐缓冲液(pH7.0,0.2mol/L)稀释至 10mL,得 1:1000 稀释血液。

【实验步骤】

1. 取 5 只干燥洁净的 50mL 锥形瓶,编号,按下表 2-3 操作。

表 2-3　各瓶底物配制

加入物(mL)	1	2	3	4	5
H_2O_2(约 0.08mol/L)	0.50	1.00	1.50	2.00	2.50
蒸馏水	3.00	2.50	2.00	1.50	1.00

2. 摇匀,每瓶依次加入 1:1000 稀释血液 0.5mL,边加边摇,37℃准确保温 5min,按顺序向各瓶加入 25% H_2SO_4 2.0mL,边加边摇,使酶促反应立即终止;注意硫酸的浓度较大,小心不要溅出或洒到衣物上。

3. 最后用 0.004mol/L $KMnO_4$ 滴定各瓶剩余 H_2O_2,当锥形瓶中出现肉眼可见的微红色,且在半分钟内不褪色,即可以判断滴定到达终点,记录 $KMnO_4$ 消耗的体积,半分钟后由于 $KMnO_4$ 见光易分解成 K_2MnO_4、MnO_2 和 O_2 而褪色。

注:①使用滴定管前要先检查滴定管是否漏水或有堵塞。②滴定管使用前先用 $KMnO_4$ 润洗,然后再加 $KMnO_4$ 至 0.00mL 刻度线处。③使用时,不能左右推动活塞(要以环指顶住管壁,拇指、示指和中指转动活塞,控制流量)。④加滴定液时,液面要稍高于"0",尔后排出尖端气体。⑤读数时,视线要与弯月面平

行。⑥当第一滴 $KMnO_4$ 溶液滴下时,充分摇匀,一定要等第一滴 $KMnO_4$ 溶液完全褪色后,才可以滴下第二滴 $KMnO_4$ 溶液。这是因为该滴定反应是一个自身催化反应,当第一滴 $KMnO_4$ 溶液完全褪色后,反应体系中便有了一定量的 Mn^{2+} 产生,Mn^{2+} 是滴定反应的催化剂,可以加速滴定反应的进行;此后滴定反应可以稍稍快些进行,但最好还是一滴一滴地滴定,否则滴定容易过量。

【结果与分析】

滴定时所用 $KMnO_4$ 体积,用表 2-4 记录。

表 2-4 每瓶滴定用 $KMnO_4$ 体积(mL)

瓶号	1	2	3	4	5
滴定前读数(mL)					
滴定后读数(mL)					
消耗 $KMnO_4$ 体积(mL)					

1. 反应瓶中 H_2O_2 浓度(酶促反应终止后剩余的 H_2O_2 浓度)(mol/L) =

$$\frac{H_2O_2 摩尔浓度 \times 加入 H_2O_2(mL)}{瓶中溶液总体积(4mL)} = \frac{H_2O_2 物质的量(mmol)}{瓶中溶液总体积(4mL)}$$

2. 反应速度的计算 以单位时间内酶促反应消耗的 H_2O_2 浓度表示。

反应速度(mol/L·min) =

$$\frac{加入的 H_2O_2(mmol) - 剩余的 H_2O_2(mmol)}{瓶中溶液总体积(4mL) \times 酶促反应时间(5min)}$$

由于每一管的溶液总体积和酶促反应时间均是一致的,所以反应速度可以用"加入的 H_2O_2(mmol) – 剩余的 H_2O_2(mmol)"来代替。

3. 求 K_m 值 按下表 2-5 计算[S]和[S]/V,通过绘图求出过氧化氢酶的 K_m 值,已知 $KMnO_4$ 为 0.004mol/L,标定出 H_2O_2 浓度为 0.08mol/L。

表 2-5 [S]和[S]/V 计算步骤

计算程序	1	2	3	4	5
①加入 H_2O_2(mL)	0.50	1.00	1.50	2.00	2.50
②加入 H_2O_2=①×0.08(mmol)	0.04	0.08	0.12	0.16	0.20
③底物浓度[S]=②÷4(mol/L)	0.01	0.02	0.03	0.04	0.05
④酶作用后,$KMnO_4$ 滴定(mL)					
⑤剩余 H_2O_2=④×0.004×5/2(mmol)					
⑥反应速度 V=②-⑤					
⑦[S]/V=③÷⑥(min)					

作图求得 K_m 值的大小，也可以利用回归分析计算出回归方程，求出 K_m 值。

注：上面表格中⑥如果用⑥/（4mL×5min）来代替，即用反应速度公式来计算，V 的绝对数值发生了改变，但这两种方法求出的 K_m 是完全相同的，有兴趣的同学可以用两种计算方法分别作图，验证得到的 K_m 是否相同。另外，还可验证线性回归关系的 R^2 值是否会改变。

【知识拓展】

Hanes 作图法，实际应称为 Hanes-Woolf 作图法，它不但具有直线作图法的优点，不需复杂计算，只要求 5~7 个不同底物浓度就可求出 K_m 值，因此操作比较简单，同时将所得直线反向延长交至横轴，那么横轴截距就是 $-K_m$，从图可以直接读出 K_m。

酶的应用历史已有几千年，长期以来人们认为酶都是蛋白质，直到 1982 年，美国科学家 Cech 和 Altman 发现了核酶（ribozyme）才改变这种观点。他们发现大肠埃希菌核糖核酸酶 P（RNase P）的蛋白质部分去除后，在体外高浓度 Mg^{2+} 存在下，留下的 RNA 部分（miRNA）具有与全酶相同的催化活性。后来发现四膜虫 L19RNA 在一定条件下能专一地催化寡聚核苷酸底物的切割与连接，具有核糖核酸酶和 RNA 聚合酶的活性。Cech 和 Altman 也因此被授予 1989 年的诺贝尔化学奖。随着生物学的发展，人们还人工合成了一些 DNA 也具有催化活性，称为脱氧核酶（deoxyribozyme）。

核酶一词用于描述具有催化活性的 RNA，即化学本质是核糖核酸（RNA），却具有酶的催化功能。核酶的作用底物可以是不同的分子，也可是同一 RNA 分子中的某些部位。核酶的功能很多，有的能够切割 RNA，有的能够切割 DNA，有些还具有 RNA 连接酶、磷酸酶等活性。与蛋白质酶相比，核酶的催化效率较低，是一种较为原始的催化酶。大多数核酶通过催化转磷酸酯和磷酸二酯键水解反应参与 RNA 自身的剪切、加工过程。

酶技术在很多传统的食品加工行业越来越被关注，包括动植物蛋白原料的深加工、保健与营养制品、乳制品、调味品和婴儿食品等。在对动物蛋白的深加工中，利用酶制剂改善香肠的风味就是一种绝佳的表现。香肠在加工过程中经高温灭菌，易导致风味损失。但酶法肉类抽提物可以强化香肠的天然肉香味，目前，这一技术被中国的大型肉类加工企业广泛采纳并已用于肉骨的加工。在植物蛋白方面，传统的大豆蛋白已不能满足新应用的需要，而以酶制剂对传统大豆分离蛋白进行修饰，改变其功能特性，如增强其保健和营养性、提高其溶解性等，从而大大扩展大豆分离蛋白的应用市场，包括将其添加于饮料和乳制品当中。而且酶在提升酵母抽提物的风味和得率、改善婴儿食品的可吸收消化性、实现植物原料有效成分的提取等食品加工中都发挥着不可或缺的作用。

【学生目标考核】

通过本实验课的学习，学生应该掌握 Hanes 作图法是如何求出酶的 K_m 值的道理：即 H_2O_2 酶催化什么反应，为什么 H_2O_2 催化的反应最后要用 $KMnO_4$ 来滴定；为什么加浓硫酸 2mL 可以用量筒加，而不是用精度更高的刻度吸量管。

是否掌握了酸式滴定管操作；酸式滴定管读数应该保留到小数点后第几位，为什么？当有滴定液（$KMnO_4$）沾到滴定瓶内壁时，应该如何处理；当达到滴定终点时，发现滴定液（$KMnO_4$）已低于滴定管最低刻度了，但仍在活塞开关之上，此时有无补救办法，如何补救？补救了会不会增加误差，是增加什么误差？

请对照上一次制作标准曲线的实验，判断自己在标准曲线的制作上是否有进步，是否能熟练运用 Excel 软件制作标准曲线。

（刘勇军）

实验 7　血清 ALT 和 AST 活性的测定（赖氏法）

【实验目的】
1. 掌握丙氨酸氨基转移酶及天冬氨酸氨基转移酶活性测定的基本原理。
2. 掌握赖氏法测定转氨酶活性的方法。
3. 学习制作标准曲线，测定血清转氨酶的活性。

【实验原理】

生物体内的转氨基作用是指 α-氨基酸在转氨酶的催化下，将 α-氨基酸的 α-氨基转移到一个 α-酮酸的酮基上，生成与之相应的另一个 α-酮酸和 α-氨基酸。丙氨酸氨基转移酶（alanine aminotransferase，ALT）和天冬氨酸氨基转移酶（aspartate aminotransferase，AST）是体内最重要的两种氨基转氨酶。

$$\begin{array}{c}
COOH \\
| \\
(CH_2)_2 \\
| \\
H-C-NH_2 \\
|\\
COOH \\
\text{谷氨酸}
\end{array} + \begin{array}{c}
CH_3 \\
| \\
C=O \\
| \\
COOH \\
\text{丙酮酸}
\end{array} \xrightleftharpoons{ALT} \begin{array}{c}
COOH \\
| \\
(CH_2)_2 \\
| \\
C=O \\
| \\
COOH \\
\text{α-酮戊二酸}
\end{array} + \begin{array}{c}
CH_3 \\
| \\
H-C-NH_2 \\
| \\
COOH \\
\text{丙氨酸}
\end{array}$$

$$\begin{array}{c}
COOH \\
| \\
(CH_2)_2 \\
| \\
H-C-NH_2 \\
|\\
COOH \\
\text{谷氨酸}
\end{array} + \begin{array}{c}
COOH \\
| \\
CH_2 \\
| \\
C=O \\
| \\
COOH \\
\text{草酰乙酸}
\end{array} \xrightleftharpoons{AST} \begin{array}{c}
COOH \\
| \\
(CH_2)_2 \\
| \\
C=O \\
| \\
COOH \\
\text{α-酮戊二酸}
\end{array} + \begin{array}{c}
COOH \\
| \\
CH_2 \\
| \\
H-C-NH_2 \\
| \\
COOH \\
\text{天冬氨酸}
\end{array}$$

本实验 ALT 活性的测定是在 37℃ 及 pH7.4 条件下，丙氨酸和 α-酮戊二酸为底物（基质液成分），经血清 ALT 作用能催化生成谷氨酸和丙酮酸。丙酮酸与

2,4-二硝基苯肼可缩合生成丙酮酸二硝基苯腙，其在碱性条件下呈现棕红色，在505nm 波长处有最大吸收。根据颜色的深浅，通过比色法可计算出酶活性。

AST 能使天冬氨酸和 α-酮戊二酸转换氨基，生成谷氨酸和草酰乙酸。草酰乙酸在反应过程中可自行脱羧生成丙酮酸。丙酮酸与 2,4-二硝基苯肼可缩合生成丙酮酸二硝基苯腙，其在碱性条件下呈现棕红色，在 505nm 波长处有最大吸收。根据颜色的深浅，通过比色法可计算出酶活性。

$$\underset{\text{丙酮酸}}{\underset{|}{\overset{|}{\underset{CH_3}{C}}}\overset{COOH}{\underset{}{=O}}} + \underset{\text{2,4-二硝基苯肼}}{H_2N-NH-\underset{O_2N}{\overset{}{\bigcirc}}-NO_2} \longrightarrow \underset{\text{丙酮酸二硝基苯腙}}{\underset{|}{\overset{|}{\underset{CH_3}{C}}}\overset{COOH}{\underset{}{=N-NH}}-\underset{O_2N}{\overset{}{\bigcirc}}-NO_2} + H_2O$$

赖氏法标准曲线所定单位数，是用实验方法和卡门氏分光光度法进行对比测定求得的。卡门氏单位定义为：1mL 血清，反应液总容量 3mL，波长 340nm，1cm 光径，25℃，1 分钟内所生成的丙酮酸，使 NADH 氧化成 NAD$^+$ 而引起吸光度每下降 0.001 为一个单位（1 卡门氏单位=0.482U/L，25℃）。

【实验器材】

主要仪器：UV-2100 型或 UV-1800 型紫外-可见光分光光度计等。

【实验试剂】

1. 0.067mol/L pH7.4 的磷酸缓冲液 取 0.067mol/L 磷酸氢二钠（称取 Na_2HPO_4 9.47g 或 $Na_2HPO_4 \cdot 12H_2O$ 23.87g 溶于蒸馏水中，定容至 1000mL）825mL、0.067mol/L 磷酸二氢钾（称取 KH_2PO_4 9.078g 溶于蒸馏水中，定容至 1000mL）175mL 混合，此缓冲液 pH 为 7.4。

2. ALT 基质液 为 ALT 底物，称取 α-酮戊二酸 29.2mg（2mmol/L）及 *L*-丙氨酸 1.78g（200mmol/L）溶于 50mL pH7.4 的磷酸缓冲液中，加 0.1mol/L NaOH 溶液约 0.5mL，调节 pH 为 7.4，然后加磷酸缓冲液定容至 100mL。加少许氯仿防腐，置于 4℃冰箱中保存。

3. AST 基质液 为 AST 的底物，称取 α-酮戊二酸 29.2mg，*L*-天冬氨酸 2.66g，溶于 50mL pH7.4 的磷酸缓冲液中，加 1mol/L NaOH 20.5mL，调节 pH 为 7.4，然后用磷酸盐缓冲液稀释至 100mL，加少许氯仿防腐，置于 4℃冰箱中保存。

4. 2,4-二硝基苯肼（1mmol/L） 为显色剂，称取 2,4-二硝基苯肼 20mg，先溶于 10mL 浓盐酸中，再以蒸馏水定容至 100mL。

5. 丙酮酸标准液 精确称取丙酮酸钠 22mg，加磷酸缓冲液溶解后定容至 100mL，此溶液浓度为 2μmol/mL，临用前配制。本试剂主要用于制作标准曲线。

【实验步骤】

1. 制作标准曲线

（1）ALT 标准曲线制作：如表 2-6。

表 2-6 ALT 标准系列制作步骤

试剂（mL）	0	1	2	3	4	5
丙酮酸标准液	0	0.05	0.10	0.15	0.20	0.25
ALT 基质液	0.50	0.45	0.40	0.35	0.30	0.25
磷酸缓冲液（pH7.4）	0.10	0.10	0.10	0.10	0.10	0.10
各管混匀，置于37℃恒温水浴箱，保温 30min						
2,4-二硝基苯肼	0.50	0.50	0.50	0.50	0.50	0.50
各管混匀，置于37℃恒温水浴箱，保温 20min						
0.4mol/L NaOH	5.00	5.00	5.00	5.00	5.00	5.00

充分混匀，室温静置 10min，用分光光度计在 505nm 波长处比色，以蒸馏水调零，以各管对应的酶活力单位数为横坐标，各管吸光度（A_n）减去零号管吸光度（A_0）所得差值为纵坐标，根据表 2-7 数据绘制标准曲线。

表 2-7 结果记录

吸光度	0	1	2	3	4	5
A_n						
$A_n - A_0$						
相当于 ALT 单位	0	25	57	97	150	200

（2）AST 标准曲线制作：如表 2-8。

表 2-8 AST 标准系列制作步骤

试剂（mL）	0	1	2	3	4	5
丙酮酸标准液	0	0.05	0.10	0.15	0.20	0.25
AST 基质液	0.50	0.45	0.40	0.35	0.30	0.25
磷酸缓冲液（pH7.4）	0.10	0.10	0.10	0.10	0.10	0.10
各管混匀，置于37℃恒温水浴箱，保温 30min						
2,4-二硝基苯肼	0.50	0.50	0.50	0.50	0.50	0.50
各管混匀，置于37℃恒温水浴箱，保温 20min						
0.4mol/L NaOH	5.00	5.00	5.00	5.00	5.00	5.00

充分混匀，室温静置 10min，用分光光度计在 505nm 波长处比色，以蒸馏水调零，将各管吸光度减去零号管吸光度所得差值与其对应的酶活力单位数（表 2-9）作标准曲线。

表 2-9　结果记录

吸光度	0	1	2	3	4	5
A_n						
A_n-A_0						
相当于 ALT 单位	0	25	57	97	150	200

2. 酶活性的测定

（1）ALT 活性的测定：如表 2-10。

表 2-10　ALT 活性的测定步骤

试剂（mL）	对照管	测定管
ALT 基质液	0.50	0.50
37℃水浴，预温 10min		
血清	0.00	0.10
磷酸缓冲液（pH7.4）	0.10	0.00
充分混匀后，置于 37℃水浴，保温 30min		
2,4-二硝基苯肼	0.50	0.50
充分混匀后，置于 37℃水浴，保温 20min		
0.4mol/L NaOH	5.00	5.00

充分混匀，室温静置 10min，用分光光度计在 505nm 波长处比色，以蒸馏水调零。

（2）AST 活性的测定：如表 2-11。

表 2-11　AST 活性的测定步骤

试剂（mL）	对照管	测定管
AST 基质液	0.50	0.50
37℃水浴，预温 10min		
血清	0.00	0.10
磷酸缓冲液（pH7.4）	0.10	0.00
充分混匀后，置于 37℃水浴，保温 60min		
2,4-二硝基苯肼	0.50	0.50
充分混匀后，置于 37℃水浴，保温 20min		
0.4mol/L NaOH	5.00	5.00

充分混匀，室温静置 10min，用分光光度计在 505nm 波长处比色，以蒸馏水调零。

注：酶活性受多种因素的影响，在测定过程中应严格把握可能影响结果的各个环节，如酶促反应温度和反应时间等。制备血清时不得溶血，否则会因红细胞内的转氨酶逸出，导致结果大幅度偏高。若样品酶活性过高，吸光度超出标准曲线最高限时，将血清用磷酸盐缓冲液稀释后重测，将所得值乘以稀释倍数即为样品中的酶活性。每更换一次试剂，都应重新绘制标准曲线，以避免因试剂的改变给实验带来的误差。

【结果与分析】

结果查取：用 $A_{测定管} - A_{对照管}$ 从标准曲线纵坐标上找到横坐标上相应的酶活性单位数，即为测定样品的 ALT 或 AST 活性单位。

【方法评价】

1. 目前测定血清转氨酶的比色法主要有三种，即金氏法（King）、赖氏法和改良穆氏法（Mohun），这三种方法在操作上基本相同，主要不同在于其单位定义和标准曲线的绘制方法，因此测定结果的单位数值也不同。由于改良穆氏法单位定义的不合理和金氏法有酶作用时间太长等缺点，因此本文选用赖氏法，其优点是，标准曲线中两种酮酸的量客观地反映了酶作用的实际情况，标准曲线上单位的数字准确地反映出酶活力的大小。由于赖氏法的单位值是用实验方法和分光光度法作对比测定求得的，所以测定结果的单位值与分光光度法的卡门氏单位相同。

2. 赖氏标准曲线上数值的准确性大致可分为三部分：第一部分 20U 以下，由于吸光度读数较小，数值不一定准确；第二部分 20～100U，严格按照规定操作时，单位数值是比较准确可靠的；第三部分 100～200U，准确度较差，只能大致反映酶活力的大小。超过 200U 时，需将标本用 pH7.4 磷酸盐缓冲液稀释后再行测定。

3. 如果在绘制标准曲线时测得的试剂空白管吸光度均值±0.015 范围内，说明这次实验试剂正常，则将测定管吸光度减去绘制标准曲线时的试剂空白管吸光度均值后，查标准曲线，即得血清标本的酶单位值。如果试剂空白管吸光度超出了绘制标准曲线时测得的试剂空白管吸光度均值±0.015 范围，则须检查试剂及其他方面的原因（可能是 2,4-二硝基苯肼由于结晶析出浓度降低或基质中 α-酮戊二酸称量不准引起）。

4. 由于 α-酮戊二酸也与 2,4-二硝基苯肼作用而显色，为了减少其对丙酮酸测定的干扰作用，基质中 α-酮戊二酸的浓度很低，不能保证酶反应的充分进行，因此标准曲线不呈直线，随着酶活力的增大，曲线的斜度逐渐趋于平缓，测定结果的准确性也相应减小。

【实验应用】

转氨酶广泛存在于机体的各种组织中，临床上最常检查的血清转氨酶有

ALT 和 AST。ALT 主要存在于各种细胞中，尤以肝细胞含量最多，分布在肝细胞的胞质内，肝细胞内 ALT 的浓度比血清高 1000~5000 倍，只要有 1% 的肝细胞坏死，就可使肝中转氨酶活性增高 1 倍，因此 ALT 被世界卫生组织推荐为肝功能损害最敏感的检测指标。AST 也存在于各种组织细胞中，其中心肌细胞中含量最高，其次为肝脏，血清中含量极少，临床上此酶可作为心肌梗死和心肌炎的辅助检查。AST 在肝脏主要是分布于线粒体内，当肝脏发生严重坏死或破坏时，才能引起 AST 在血清中的浓度偏高。肝炎患者转氨酶数值居高不下，反映肝细胞炎症始终未停止，肝细胞肿胀、坏死持续存在。测定血清中此酶的含量可用于协助诊断疾病和观察预后。

ALT 的参考值为 5~25U，如果 ALT 血清值超过正常上限的 2~3 倍，并持续两周以上，表明有肝胆疾病存在的可能，明显升高见于急性病毒性肝炎，中度升高见于慢性肝炎、肝硬化活动期、肝癌、肝脓肿，心肌梗死、心肌炎、心力衰竭等也可轻度升高。生理状态下，如过度劳累、剧烈活动（乳酸在体内大量生成、积聚，使机体相对缺氧及低血糖，致使肝细胞膜通透性增加，引起转氨酶升高）、月经期时等都可能使转氨酶暂时性升高，因此对 ALT 升高的评价应密切结合临床。部分 ALT 升高与脂肪肝、饮酒有关。AST 的正常值为 8~28U，当 ALT 明显升高，AST/ALT 比值＞1 时，就提示有肝实质的损害。

【知识拓展】

ALT 与 AST 主要分布在肝细胞内，肝细胞坏死时 ALT 和 AST 升高，其升高的程度与肝细胞受损的程度相一致，因此是目前最常用的肝功能指标。这两种酶在肝细胞内的分布是不同的，ALT 主要分布在肝细胞质，AST 主要分布在肝细胞质和线粒体中，因此不同类型的肝炎患者的 ALT 和 AST 升高的程度及其 AST/ALT 的比值是不同的。急性肝炎和轻型慢性肝炎，虽有肝细胞的损伤，肝细胞的线粒体仍保持完整，故释放入血的只有存在于肝细胞质内的 ALT，所以肝功能主要表现为 ALT 升高，AST/ALT＜1。重型肝炎和慢性肝炎的中型和重型，肝细胞的线粒体也遭到了严重的破坏，AST 从线粒体和胞质内释出，因而表现出 AST/ALT≥1。肝硬化和肝癌患者，肝细胞的破坏程度更加严重，线粒体也受到了严重的破坏，因此 AST 升高明显，AST/ALT＞1，甚至 AST/ALT＞2。酒精性肝病的患者，AST 的活性也常常大于 ALT。但是重型肝炎肝功能衰竭由于肝细胞大量坏死，正常肝细胞数量少，转氨酶的生成、释放少，而血清胆红素则显著升高，出现"胆—酶分离"现象，提示凶险。

健康人的 AST 水平也有可能暂时超出正常范围，剧烈运动、过于劳累或者近期吃过油腻食物，都可能使 AST 暂时偏高。如果在检查肝功能前 1 天晚上休息不好，或是体检前早餐时吃了油炸的东西，检查结果中 AST 可能就会超出正常范围。剧烈运动后立刻检查 AST 水平，其结果也可能会高出正常范围。因此，如果发现 AST 水平升高了，不要过于紧张，但也一定要给予足够的重视，好好休息，及时接受正规的复查和治疗。

【学生目标考核】

1. 在更换试剂时，为什么要重新绘制标准曲线？

2. 溶血血清样品会引起什么样的不良后果？

3. 为什么加血清前要平衡 10min？

（梁爱玲）

实验 8　血清总胆固醇浓度的测定

【实验目的】

1. 掌握测定血清总胆固醇浓度的原理。

2. 掌握测定血清总胆固醇浓度的实验操作。

3. 熟悉血清总胆固醇浓度测定的临床意义。

【实验原理】

血清总胆固醇（total cholesterol，TC）包括游离胆固醇（free cholesterol，FC）和胆固醇酯（cholesterol ester，CE）两部分，其中游离胆固醇占 30%，胆固醇酯占 70%。血清总胆固醇的测定分为化学法和酶法两大类。目前常规应用酶法测定，快速准确，标本用量少，便于自动生化分析仪的批量测定。酶法测定胆固醇的基本原理是：胆固醇酯被胆固醇酯酶（cholesterol esterase，CHE）水解成游离胆固醇，后者被胆固醇氧化酶（COD）氧化成胆甾烯酮，并产生过氧化氢，再经过氧化物酶（POD）催化，使 4-氨基安替比林（4-AAP）与酚反应，生成红色醌亚胺色素，即 Trinder 反应。因醌亚胺在 500nm 处有最大光吸收，其吸光度与标本中 TC 的含量成正比。反应式如下：

$$胆固醇酯 + H_2O \xrightarrow{胆固醇酯酶} 游离胆固醇 + 脂肪酸$$

$$胆固醇 + O_2 \xrightarrow{胆固醇氧化酶} \Delta^4\text{-胆甾烯酮} + H_2O_2$$

$$H_2O_2 + 4\text{-氨基安替比林} + 酚 \xrightarrow{过氧化物酶} 醌亚胺 + H_2O$$

【实验器材】

主要仪器：UV-2100 型或 UV-1800 型紫外-可见光分光光度计。

【实验试剂】

1. 胆固醇液体酶试剂组成

GOOD's 缓冲液（pH6.7）　　　　50mmol/L

胆固醇酯酶　　　　　　　　　　≥200U/L

胆固醇氧化酶	≥100U/L
过氧化物酶	≥3000U/L
4-AAP	0.3mmol/L
苯酚	5mmol/L

其中 4-AAP 和苯酚为显色剂。

2. 胆固醇标准溶液 5.17mmol/L（200mg/dL） 精确称取胆固醇 200mg，用异丙醇配成 100mL 溶液，分装后，4℃保存，临用取出。也可用定值的参考血清作标准。

【实验步骤】

终点法检测 TC，按表 2-12 操作步骤依次加样。

表 2-12 终点法检测 TC 加样步骤

加入物	空白管	标准管	测定管
血清（μL）	—	—	10
标准液或定值血清（μL）	—	10	—
蒸馏水（μL）	10	—	—
酶试剂（μL）	1000	1000	1000

各管混匀后，37℃保温 5min，用分光光度计比色，1cm 光径比色杯，于 500 nm 波长处以空白管调零，读出各管吸光度。

注：若人血清标本，采血前 24h 应禁食高脂食物，空腹采血并尽快分离血清，避免溶血，标本在 2~8℃可存放 7 天，-20℃可存放 2 个月；加样时应最后加酶试剂，各管反应时间应保证一致；比色应在 30min 内完成，因为随着时间的进一步延长，各管颜色会发生变化；试管在操作前尽量保持干燥（因为是显色反应，各管液体总体积会影响颜色）；试剂中酶的质量影响测定结果，因为 CHE 和 COD 均来自微生物，但各厂家的产品性能，如单位活性比、杂酶含量、热稳定性及最适反应温度、缓冲系统和 pH 均不尽相同；若需检测游离胆固醇浓度，将酶试剂中胆固醇酯酶去掉即可；检测标本可为血清或者血浆[以肝素或乙二胺四乙酸二钾（EDTA-K_2）抗凝]；测定结果如超过 13.00mmol/L，应将标本用生理盐水进行倍比稀释后重新测定；若酶酚混合试剂呈红色，表明试剂被氧化，应弃之重配。因标本和标准液用量少，其加液量是否准确对测定结果影响较大，故其加液量必须准确；试剂应为无色或淡黄色液体，澄清，无沉淀或漂浮物。标准液为无色略黏稠状液体，无沉淀或漂浮物。

【结果与分析】
1. 结果计算

$$\text{血清 TC（mmol/L）} = \frac{\text{测定管吸光度}}{\text{标准管吸光度}} \times \text{胆固醇标准液浓度}$$

兔血清 TC 参考值：0.77～2.00mmol/L。

人血清参考值：3.0～5.20mmol/L；危险阈值：5.20～6.20mmol/L；高胆固醇血症：≥6.20mmol/L。

2. 结果分析 人群血脂水平主要取决于生活因素，特别是饮食和营养，所以各地区调查所得参考值高低不一，因此各地区应该有各自的高 TC 划分标准。现在国际上以显著增加冠心病危险的 TC 水平（医学决定水平）作为划分界限。TC 水平因生活条件（饮食、运动等）而异，随年龄上升。中青年男性略高于女性，老年女性高于男性。《中国成人血脂异常防治指南》（2019）提出的标准为：健康成人血清胆固醇参考范围：2.33～5.69mmol/L，合适水平＜5.2mmol/L，边缘升高 5.2～6.2mmol/L，升高≥6.2mmol/L；治疗最低目标小于 6.2mmol/L；建议各实验室建立自己的正常参考范围。

【实验应用】
1. TC 增高 常见于动脉粥样硬化、原发性高脂血症（如家族性高胆固醇血症、家族性 ApoB 缺陷症、多源性高胆固醇血症、混合性高脂蛋白血症等）、糖尿病、肾病综合征、梗阻性黄疸、胆总管阻塞、甲状腺功能减退、慢性肾功能衰竭、肥大性骨关节炎、老年性白内障和银屑病。此外，吸烟、饮酒、紧张、血液浓缩等也都可使血液胆固醇升高。妊娠末 3 个月，可能明显升高，产后恢复原有水平。胆固醇升高容易引起动脉粥样硬化性心、脑血管疾病，如冠状动脉粥样硬化性心脏病（冠心病）、心肌梗死、脑卒中等。但如果作为一个诊断指标来说，它既不够特异，也不够敏感，所以不能作为诊断指标，只能作为评价动脉粥样硬化的危险因素，而最常用作动脉粥样硬化的预防、发病估计、治疗观察等的参考指标。

2. TC 降低 常见于低脂蛋白血症、贫血、败血症、甲状腺功能亢进、肝脏疾病、严重感染、营养不良、巨幼细胞贫血、肠道吸收不良和药物治疗过程中的溶血性黄疸及慢性消耗性疾病。此外，女性月经期也可降低。

【方法评价】
1. 本方法线性范围为 0.08～13.00mmol/L。总误差：≤±9%（总误差=偏差%+1.96CV%）；不精密度：天间 CV≤3.0%；不准确度：用患者标本与参考方法（或可靠的同类型试剂）比较，偏差≤3%。

2. 本方法灵敏度高、准确度高、精密度好、线性范围宽，既可用于手工操作，也可进行自动化分析，是测定 TC 的常规方法。血清中多种非胆固醇甾醇会不同程度地与本试剂显色，但正常人血清中非胆固醇甾醇约占 TC 的 1%，故常规测定时这种影响可忽略不计。

3. 本法最后一步为 Trinder 反应，是非特异性的，易受标本中一些还原性物质的干扰，如尿酸、维生素 C、谷胱甘肽、胆红素等，这些物质与显色剂竞争 H_2O_2，使测定结果偏低。在终点法中血红蛋白高于 2g/L 时引起正干扰，胆红素高于 0.1g/L 时有明显负干扰。血中维生素 C 与甲基多巴浓度高于治疗水平时，会使结果降低。但是在速率法中上述干扰物质影响较小。甘油三酯<28.5mmol/L 对结果无明显干扰。

4. 酶法测定血清总胆固醇时，由于血清中大部分是胆固醇酯，某些胆固醇酯酶对 CE 的水解不完全，导致结果偏低，而且血清基质对该酶促反应有明显的影响，此时不能用纯胆固醇结晶配制的溶液作为校准品，应以准确定值的血清作为血清参考物。

5. 每批标本检测时，被检标本应与正常和异常质控血清标本同时检测，当质控结果超标时，需重新进行确认检测。

【知识拓展】

1. 血脂测定的影响因素

（1）血脂分析前变异来源：①生物因素，如年龄、性别、种族等个体差异；②行为因素，如饮食、吸烟、运动、锻炼等；③疾病或药物；④标本收集与处理，标本收集和处理应该采用国家标准方法或中华医学会检验分会推荐的操作方法。

（2）抽血前 2 周保持平时的饮食习惯和体重。

（3）抽血前 3 天避免高脂饮食，24h 内不饮酒和不做剧烈运动。

（4）禁食 12~14h 后空腹抽血。

（5）除卧床的患者外，一般应坐位休息 5min 后抽血。

（6）抽血前最好停用影响血脂的药物数天或数周，否则应记录用药情况。

（7）如血脂检测异常，在进一步处理前，应在 2 个月内进行再次或多次测定，但至少要相隔 1 周。

2. Trinder 反应 Trinder 反应由 Trinder 于 1969 年提出，其原理为被测物质通过酶作用产生的过氧化氢（H_2O_2）在 4-氨基安替比林、过氧化物酶的存在下，可生成红色醌亚胺化合物。Trinder 反应指示系统现已成为临床生化检验方法常用的两大指示反应系统之一。胆固醇、葡萄糖、甘油三酯、甘油、尿酸等都可经相应的氧化酶氧化产生过氧化氢，因此都可与过氧化物酶偶联，通过 Trinder 反应加以测定。最初使用苯酚作显色剂，后来用十余种化合物（如 2,4-二氯酚等）替代苯酚，使反应的灵敏度显著提高。Trinder 反应构成了葡萄糖、胆固醇、甘油三酯及尿酸等酶法测定的基础，有较为重要的使用价值。但由于催化 Trinder 反应的过氧化物酶对底物专一性差，维生素 C、尿酸、谷胱甘肽及胆红素等还原性物质也可与显色剂竞争 H_2O_2，从而使氧化过程中产生的 H_2O_2 被消耗，导致测定反应显色减弱，测定结果偏低。此外，工具酶中如夹杂有较多的过氧化氢酶，也能消耗氧化产物 H_2O_2，使被测物的测定值偏低。该反应过程受到数十种药物干扰，其中影响最大的药物为维生素 C，它能还原反应过程中产生的 H_2O_2，使其生成的红色醌亚胺化合物减少，结果呈负干扰。近年来，应用维生素 C 氧化酶使样本中的维生素 C 干扰得以完全排除。

3. 与动脉粥样硬化的关系 在动脉粥样硬化的发生与发展过程中，胆固醇起着重要作用。冠心病的三个主要危险因素（高胆固醇血症、高血压和吸烟）中，只有高胆固醇血症才是唯一必要的先决条件。凡能增加动脉壁胆固醇内流和沉积的脂蛋白（如低密度脂蛋白、极低密度脂蛋白及氧化型低密度脂蛋白等）都可导致动脉粥样硬化，能促使胆固醇外运的脂蛋白（如高密度脂蛋白、氧化型高密度脂蛋白等）则具有抗动脉粥样硬化发生的作用。正常情况下，二者的作用处于动态平衡状态中，在某些遗传性疾病或高脂膳食条件下，由于致动脉粥样硬化性脂蛋白的作用明显增加，胆固醇的内流和沉积明显超过外运，从而造成了动脉粥样硬化的发生和发展。

当体内的胆固醇多于身体需要的时候，它就会积聚在血管壁上，导致血管渐渐硬化和变窄，但身体在很长一段时间都不会有任何症状。经过漫长的岁月，淤积在血管壁上的胆固醇逐渐阻塞血管，使流到各个脏器的血液慢慢减少，当脏器从血液中得不到足够的氧和养料的时候，就很容易发生坏死。如果供给心脏血液的血管（冠状动脉）发生阻塞，就会引起冠状动脉粥样硬化性心脏病发作，出现心绞痛或心肌梗死；如果供给脑部血液的血管发生阻塞，便会发生脑梗死。

【学生目标考核】

1. 空白管可否用蒸馏水代替，为什么？
2. 是否能熟练掌握实验室中不同型号的紫外-可见光分光光度计的使用。
3. 在实验过程中，如果遇到测定管吸光度为负值，能否当场找出原因，并及时解决。

（梁爱玲）

实验 9 改良 J-G 法测定血清胆红素

【实验目的】

1. 掌握血清胆红素测定的原理和方法。
2. 熟悉胆红素测定的正常参考范围及临床意义。
3. 了解胆红素的生理作用。

【实验原理】

血清中结合胆红素可直接与重氮试剂反应产生偶氮双吡咯胆红素，非结合胆红素须用加速剂咖啡因—苯甲酸钠破坏其分子内氢键后才能与重氮试剂反应,产生偶氮双吡咯胆红素。醋酸钠缓冲液保持反应的 pH,反应完成后加入终止试剂(叠氮钠)以破坏重氮试剂,最后加入碱性酒石酸钠溶液,使颜色不稳定的紫红色偶氮双吡咯胆红素在咖啡因存在下转化为稳定的蓝色偶氮双吡咯胆红素,在 600nm 波长处比色,蓝色偶氮双吡咯胆红素吸光度分别与总胆红素和结合胆红素的含量成正比。

【实验器材】

主要仪器:恒温水浴箱、UV-2100 型紫外-可见光分光光度计、秒表等。

【实验试剂】

1. 咖啡因—苯甲酸钠试剂 称取无水醋酸钠 41.0g,苯甲酸钠 38.0g,乙二胺四乙酸二钠(EDTA-Na_2)0.5g,溶于约 500mL 蒸馏水中,再加入咖啡因 25.0g,搅拌使溶解(加入咖啡因后不能加热溶解),用蒸馏水补足至 1L,混匀。过滤后置棕色瓶,室温保存。本试剂主要作用是破坏胆红素分子内氢键,使未结合胆红素可以与偶氮试剂起反应。

2. 碱性酒石酸钠溶液 称取氢氧化钠 75.0g,酒石酸钠($Na_2C_4H_4O_6 \cdot 2H_2O$)263.0g,用蒸馏水溶解并补足至 1L,混匀。置于塑料瓶中,室温保存。双吡咯主要作用是提供碱性环境,使颜色不稳定的紫红色偶氮双吡咯胆红素在咖啡因存在下转化为稳定的蓝色双吡咯偶氮胆红素。

3. 72.5mmol/L 亚硝酸钠溶液 称取亚硝酸钠 0.5g,用蒸馏水溶解并定容至 100mL,混匀,放入棕色瓶,置于 4℃冰箱保存,稳定期不少于 3 个月。稀释 10 倍即得 72.5mmol/L 亚硝酸钠溶液,稳定期不少于 2 周。若发现溶液呈淡黄色,应废弃重配。

4. 28.9mmol/L 对氨基苯磺酸溶液 称取对氨基苯磺酸($NH_2C_6H_4SO_3H \cdot H_2O$)5.0g,溶于 800mL 蒸馏水中,加入浓盐酸 15mL,用蒸馏水补足至 1L。

5. 重氮试剂 临用前取上述亚硝酸钠溶液 0.5mL 和对氨基苯磺酸溶液 20mL 混匀即可。

6. 5.0g/L 叠氮钠溶液 称取叠氮钠 0.5g,以蒸馏水溶解并稀释定容至 100mL。本试剂主要作用是破坏偶氮试剂,终止显色反应。

7. 胆红素标准液

(1)目前一般用未结合胆红素配制标准液,此标准品须用含清蛋白的溶剂配制,常用人混合血清,对此血清的要求如下:收集无溶血、无黄疸、无脂浊的新鲜血清,混合,必要时可用过滤器过滤。取过滤后的血清 1mL,加入新鲜 0.154mmol/L NaCl 溶液 24mL 混匀,在 414nm 波长、1cm 光径下,以 0.154mmol/L NaCl 溶液调零点,其吸光度应小于 0.100,在 460nm 的吸光度应小于 0.04。

(2)配制胆红素标准液须符合下列标准:纯胆红素的氯仿溶液,在 25℃条件下，光径 1cm，波长 453nm，摩尔吸光系数应在 60 700±1600。改良 J-G 法偶氮双吡咯胆红素的摩尔吸光系数应在 74 380±866。

（3）胆红素标准贮存液（171μmol/L）：准确称取符合要求的胆红素 10mg，加入二甲亚砜 1mL，用玻璃棒搅拌，使其成混悬液。加入 0.05mol/L 碳酸钠溶液 2mL，使胆红素完全溶解后，移入 100mL 容量瓶中，用血清洗涤数次并倒入容量瓶中，缓慢加入 0.1mol/L 盐酸 2mL，边加边摇（勿用力摇动，以免产生气泡），最后以稀释血清加至刻度。配制过程中应尽量避光，贮存容器用黑纸包裹，置于 4℃冰箱 3 天内有效，但要求配后尽快作校正曲线。

【实验步骤】

1. 样品的测定，按表 2-13 操作。

表 2-13　各管加样及加样步骤

加入物（mL）	总胆红素管	结合胆红素管	空白管
血清	0.2	0.2	0.2
咖啡因—苯甲酸钠试剂	1.6	—	1.6
对氨基苯磺酸	—	—	0.4
重氮试剂	0.4	0.4	—
混匀，总胆红素管置于室温 10min，结合胆红素管置于 37℃准确 1min			
叠氮钠	—	0.05	—
咖啡因—苯甲酸钠试剂	—	1.55	—
碱性酒石酸钠	1.2	1.2	1.2

2. 混匀，在 600nm 波长下，以空白管调零，读取各管吸光度。[注意：①胆红素对光敏感，标准液及标本均应尽量避光保存。②叠氮钠能破坏重氮试剂，终止偶氮反应。凡用叠氮钠作防腐剂的质控血清，可引起偶氮反应不完全，甚至不呈色。③血脂及脂溶色素对测定有干扰，应尽量取空腹血。轻度溶血对本法无影响，但严重溶血时可使测定结果偏低。其原因是血红蛋白与重氮试剂反应形成的产物可破坏偶氮胆红素，还可被亚硝酸氧化为高铁血红蛋白而干扰吸光度的测定。④本法测定血清总胆红素，在 10～37℃条件下不受温度变化的影响，呈色在 2h 内非常稳定。⑤胆红素大于 342μmol/L 的标本可减少标本用量，或用 0.154mmol/L NaCl 溶液稀释血清后重新测定。⑥结合胆红素测定在临床上应用很广，但至今无候选参考方法，国内也无推荐方法。方法不同，反应时间不同，结果相差很大。⑦肝素对胆红素测定试剂存在一定程度的影响，因为胆红素试剂呈弱酸性，而肝素盐在弱酸环境下不易溶解，在反应体系中会形成一定浊度，这种浊度将使胆红素测定过程中的比色结果出现偏差，特别对于胆红素含量很低的样本，其比色结果很容易出现偏差而致测定结果为负值或零值。⑧服用普萘洛尔

（心得安）后，其代谢产物在血清中能与重氮试剂产生干扰反应，而使胆红素假性增高]。

3. 标准曲线制作　按表 2-14 稀释胆红素贮存液。

表 2-14　标准系列加样及加样步骤

加入物（mL）	空白管	1	2	3	4	5
胆红素标准贮存液	—	0.04	0.08	0.12	0.16	0.20
稀释用血清	0.20	0.16	0.12	0.08	0.04	—
相当于胆红素浓度（μmol/L）	0	34.2	68.4	102.6	136.8	171
吸光度	0.000					

混匀（不可产生气泡），按总胆红素测定法操作。每一浓度做 3 个平行管，用空白管调零，读取各管吸光度，以各浓度吸光度均值为纵坐标，以相应的胆红素浓度为横坐标，绘制标准曲线。

【结果与分析】

以测定管吸光度从标准曲线上查出相对应的胆红素浓度。

正常健康成人各项参考值分别为：总胆红素（TBil）3.4～17.1μmol/L，结合胆红素/直接胆红素（CBil/DBil）1.7～6.8μmol/L，未结合胆红素/间接胆红素（UBil/IBil）1.7～10.3μmol/L。

【方法评价】

1. 血清与重氮试剂混合后，在规定时间所测定的胆红素，相当于结合胆红素含量，总胆红素减去结合胆红素即为未结合胆红素。该方法的反应时间不同，结果相差很大。时间短，未结合胆红素参与反应少，结合胆红素反应也不完全；时间长，结合胆红素反应较完全，但一部分未结合胆红素也参与反应。化学钒酸法也可检测血清总胆红素和结合胆红素。胆红素氧化酶法测定样本和试剂用量少，特异性高，重复性好，但目前还不能准确测定结合胆红素。

2. 重氮反应法测定胆红素，也可用甲醇（M-E 法）或二甲亚砜等作加速剂，可做成单一试剂，反应 pH 和显色 pH 都呈酸性，560nm 波长比色，易于自动化。但灵敏度比改良 J-G 法略低，M-E 法摩尔吸光系数为 60 500，Hb 干扰较明显，Hb＞1g/L 时，需用样品空白校正。

3. 本法灵敏度高，且可避免其他有色物质的干扰，是测定血清总胆红素的参考方法。但不能自动化分析是其缺点。有些商品试剂盒称咖啡因法或 J-G 法，但不加碱性酒石酸，即不在碱性条件下显色，其灵敏度和特异性不如上述方法。

【实验应用】

1. 一般认为血清总胆红素超过 20.5μmol/L 有临床意义，但此时巩膜和皮肤尚不易察觉，称为隐性黄疸，当血清总胆红素达到和超过 25.6～34.2μmol/L 时，临床上出现黄疸体征。

2. 一部分胆红素一个丙酸基的羧基与清蛋白分子中赖氨酸残基的 ε-氨基形成酰胺键，在血中停滞时间长，称为 δ-胆红素。δ-胆红素的半衰期大约为 21 天，与重氮试剂呈直接反应。在正常人血清中测不出来，δ-胆红素在肝细胞损伤及胆汁淤滞等高结合胆红素性黄疸时出现，在疾病的恢复期，总胆红素下降，尤其结合胆红素明显降低，此时由于 δ-胆红素的半衰期较长，消失慢，因此相对百分比却反而增高，最后可能达到总胆红素的 80%～90%。这也可以说明患者有时尿胆红素已呈阴性，而血清胆红素尚不恢复正常的原因。

3. 总胆红素增高，见于引起胆红素代谢障碍的疾病，如实质性肝炎、十二指肠阻塞、胆道结石、血原虫病等。血清总胆红素测定不是了解肝细胞损伤的敏感指标，但肝脏疾病时胆红素浓度的明显增高，常常反映有严重的肝细胞损伤，并可反映肝细胞损伤程度和预后判断。

4. 当血清总胆红素水平升高时，可根据直接胆红素/总胆红素比值来协助鉴别黄疸的类型。肝细胞黄疸时结合胆红素/总胆红素比值常为 40%～60%，梗阻性黄疸时比值常＞60%。

5. 成人发生溶血性黄疸时，血清总胆红素浓度很少超过 85.5μmol/L，如超过此值，常表示有肝细胞损伤或胆管阻塞。

6. 新生儿发生溶血性黄疸时，血清总胆红素测定有助于了解疾病的严重程度，制订合理的治疗方案。

7. 血清总胆红素减少，主要见于肿瘤或慢性肾炎引起的贫血和再生障碍性贫血。

【知识拓展】

1. 胆红素的测定方法 胆红素的测定方法较多，主要包括以下几种：重氮法，胆红素氧化酶法（BOD 法）、高效液相色谱法（HPLC 法）、导数分光光度法、经皮胆红素测定法（TCB）、直接分光光度法等。目前临床上较常用的方法有经皮测定胆红素、重氮法测定胆红素和钒酸氧化法测定胆红素。

（1）经皮测定胆红素：采用反射式光密度测量原理，实际测定的是皮肤黄色的程度，即 TCB 值。虽然该方法存在操作简便、无损伤性等优点，但是不能完全代替血清总胆红素的测定，特别不能作为评价血清总胆红素测定结果的标准对照。因为黄疸虽然是高胆红素血症（hyperbilirubinemia）的临床表现，但是皮肤黄染程度受患者本身的肤色、高胆红素血症发生的时间、仪器光密度检测的准确性等因素影响，测定结果仅能作为血中胆红素浓度参考，并非真实反映血中胆红素浓度。

（2）胆红素氧化酶法：胆红素氧化酶（BOD）在碱性环境中可氧化所有胆红素成分，这一特性可用于总胆红素测定；而在酸性条件下，胆红素单葡萄糖醛酸酯、胆红素双葡萄糖醛酸酯和大部分 δ 胆红素均被氧化，只有未结合胆红素不被氧化，这一特性可用于结合胆红素或直接胆红素的测定。根据不同胆红素反应的最适 pH 差别，可分别定量测定总胆红素或直接胆红素。其优点是特异性强，灵敏度高，重复性好，对溶血、脂血等抗干扰性强，操作简单，适用于自动化测定等。但酶制剂来源困难，酶价格昂贵。同时酶法测定中胆红素氧化酶容易受到血清蛋白，尤其是清蛋白的影响（作为底物的胆红素在掺入清蛋白的 α 螺旋链时，底物便不能接近酶分子中的活性中心），可推测与清蛋白结合的 δ 胆红素在保持清蛋白 α 螺旋链的 pH 范围内对胆红素氧化酶的作用有抵抗性。

（3）钒酸氧化法：pH3.0 时钒酸可将胆红素氧化成胆绿素，其在 450nm 波长附近的吸收下降，其下降程度与胆红素的量相关。当试剂中表面活性剂改变时可有选择地将不同种类的胆红素氧化，从而分别测出总胆红素和结合胆红素。此法试剂稳定，来源丰富，溶血、脂浊对血清总胆红素的测定基本无干扰，与改良 J-G 法相关良好。

2. 胆红素脑病（bilirubin encephalopathy） 是指胆红素引起脑组织的病理性损害，病变除大脑基底核、视丘下核、苍白球等神经核被黄染外，大脑皮质、脑膜和血管内膜等处亦有波及，如不及早防治可致后遗症或死亡。新生儿发生高未结合胆红素血症时，游离胆红素通过血脑屏障（blood brain barrier，BBB），沉积于基底神经核、丘脑、丘脑下核、顶核、脑室核、尾状核，以及小脑、延脑、大脑皮质及脊髓等部位，抑制脑组织对氧的利用，导致脑损伤，称胆红素脑病（核黄疸）。

未与清蛋白结合的未结合胆红素呈游离状态，分子量小，能通过血脑屏障，进入脑细胞后可使脑细胞内的线粒体氧化磷酸化的偶联作用脱节，即解偶联作用。因此脑细胞可利用的能量减少，使脑细胞受损。胆红素能降低细胞表面张力及对脑毛细血管内皮细胞壁的毒性作用，使 BBB 通透性增加。而与清蛋白结合的未结合胆红素，是脂溶血性的清蛋白复合体，分子量大，不能通过 BBB 和细胞膜，但在缺氧、感染、脱水、低血糖、酸中毒及高张输液等的影响下，BBB 可暂时开放，使大分子与清蛋白结合的未结合胆红素也能进入脑组织，累及较广泛的部位。

胆红素脑病几乎仅发生于新生儿时期，主要原因如下。①酶系统不成熟：肝细胞不能有效地将未结合胆红素结合成结合胆红素。②严重的高胆红素血症：较多见，如新生儿溶血病，先天性非梗阻性非溶血性黄疸（克纳综合征），以及药物中毒（维生素 K_3）等，均可使未结合胆红素增高。③血脑屏障功能较差：未结合胆红素易于通过 BBB 而与脑组织结合，早产儿 BBB 功能更差，各种感染、窒息缺氧因素可影响 BBB 栅栏作用的完整性。④血浆清蛋白含量较低：结合未结合胆红素的能力有限。⑤酸中毒：新生儿患病易发生酸中毒，可促使 BBB 开放，使细胞摄取的胆红素增加。⑥争夺清蛋白，使胆红素游离：外源性因素服用的药物如磺胺异噁唑、水杨酸盐、苯甲酸钠、新生霉素、先锋霉素、新型青霉素

Ⅱ、消炎痛等，内源性因素有羟高铁血红素、胆酸和饥饿、低血糖或寒冷刺激时体内游离脂肪酸增高等。

3. 胆红素的抗氧化性 胆红素是谜一样的分子，只要它在机体中的含量稍稍高于正常，就有利于健康，如胆红素水平的些微升高就会使新生儿更加聪敏，使成人罹患冠心病和癌症的风险降低，使动物模型免受脑卒中损伤。

胆红素这种有毒的黄色分子作为血红蛋白生物学降解过程的终产物，一直被认为与导致所有细胞实际损伤的氧自由基发生反应。然而细胞中的胆红素含量很少，约为细胞中氧化剂含量的千分之一，因此普遍认为胆红素对细胞没有保护作用。为检验微量胆红素能起到极大的保护作用，科学家们利用 RNA 干扰技术来封阻产生胆绿素还原酶（合成胆红素的酶）的 RNA，细胞因而不能用 RNA 的指令来产生蛋白，没有了胆绿素还原酶，导入大鼠中的人类癌细胞和脑细胞因应答少量过氧化氢而经历的损伤和细胞死亡要比细胞中含有胆绿素还原酶时多得多。令人惊异的是，敲除这种酶（也就是胆红素）所引起的细胞损伤，甚至比敲除早先已知的著名细胞抗氧化剂——谷胱甘肽还要大。一个谷胱甘肽分子只能消耗一个氧化分子，而一个胆红素分子就能对付 10 000 个氧化分子。而胆红素是一个代谢循环的一部分，一个单一分子可以反复利用，清除氧自由基，否则这些自由基就会无法逆转地损害细胞膜和 DNA。科学家认为，胆红素保护的可能是细胞膜，而谷胱甘肽可能保护的是细胞内的物质。"一个氧化分子倒下去，又会有千千万万个氧化分子出现"。所以在生命体内，为什么总是会产生胆红素。如果血红蛋白的降解早一步停止，产生呈绿色的可溶分子胆绿素，这些废物就很容易排出体外，不会因累积而产生损伤细胞的威胁。但恰恰相反，大多数动物细胞（鸟类除外）血红蛋白的降解都不是停留在胆绿素阶段，而是继续反应通过胆绿素还原酶产生胆红素。如果所有的胆红素生产都达到导致毒性的高含量，对于动物而言，产生胆红素就没有任何意义了，因为氧化危害几乎是所有细胞损伤和死亡的祸首，从炎症到心脏病，再到脑卒中无一例外。作为保护细胞免遭氧化胁迫的一条极佳途径，胆红素可能是进化的重要产物。

【学生目标考核】

1. 作为医学专业的学生，通过本次实验，应该熟知患者准备，除了特殊检验有专门规定外，一般要求患者处于安静状态，生活饮食处于日常状态，目前已公认过度空腹、饮食、饮酒、吸烟及姿势体位等可影响其检验结果。

2. 通过实验，加深同学们对总胆红素、直接胆红素和间接胆红素的了解。

3. 实验中，应注意胆红素标准品稳定性差，血液标本干扰因素多，极易导致结果偏差。

4. 总胆红素和直接胆红素的值测定得出后，未结合胆红素可由计算得出（间接胆红素=总胆红素−直接胆红素）。因此必须认识到：任何一种被测组分的测定中的变异及差错，都可能导致间接胆红素的计算产生明显的错误。

5. 加深对胆红素的双面性的认识，胆红素浓度对机体的影响：低浓度对机体起保护作用，高浓度对机体有损伤作用。

（侯　敢）

实验 10　琼脂糖凝胶电泳分离 DNA

【实验目的】

1. 掌握琼脂糖凝胶电泳分离 DNA 的原理及操作方法。

2. 了解荧光染料显示 DNA 的原理。

【实验原理】

琼脂糖凝胶电泳是采用琼脂糖凝胶作为支持介质的一种电泳方法。琼脂糖凝固与缓冲液共同形成有网络结构的胶状物，带电分子受电场作用力在凝胶中通过时会受到阻力，大分子受到的阻力大，迁移速度相对慢，因此分子的分离取决于净电荷的性质、数量及分子的大小。琼脂糖凝胶兼有"分子筛"和"电泳"的双重作用。由于琼脂糖凝胶孔径相比于蛋白质太大，对大多数蛋白质来说其分子筛效应微不足道，该方法目前广泛应用于核酸的研究中。

【实验器材】

主要仪器：微量移液器（10μL、20μL、100μL）、电子天平、微波炉或电磁炉、制胶板及制胶槽、水平电泳槽、电泳仪、紫外透射仪。

【实验试剂】

1. 50×TAE 电泳缓冲液　12.2g 三羟甲基氨基甲烷（Tris），2.85mL 冰醋酸，10mL 0.25mol/L 乙二胺四乙酸（EDTA）（pH8.0），加水至 50mL。

2. 1×TAE 电泳缓冲液　取 50×TAE 用蒸馏水稀释 50 倍成为工作液。

3. 琼脂糖　电泳标准琼脂糖。

4. 6×载样缓冲液　0.25% 二甲苯青 FF，0.25%溴酚蓝，30% 甘油。

5. SYBR®Green I 荧光染料。

6. DNA Marker。

【实验步骤】

1. 制备琼脂糖凝胶　称取 0.6g 琼脂糖，加 1×TAE 电泳缓冲液 60mL，置于微波炉或电磁炉加热至完全熔化，即配制成 1%琼脂糖凝胶。

2. 灌胶

（1）取洁净的电泳胶板，放入制胶槽，插好样品梳子。

（2）将上述熔化的凝胶液冷却至 60℃左右，加入 SYBR®Green I 荧光染料 2μL，摇匀，缓慢倒入制胶槽至所需厚度。注意不要形成气泡，如果有气泡可用牙签挑破。

（3）室温放置 15min 左右，待胶凝固后，小心垂直拔出梳子，将带凝胶的胶板放入电泳槽中，注意凝胶加样孔端要靠近负极。

（4）加入 1×TAE 缓冲液至电泳槽，缓冲液刚没过凝胶表面即可。

3. 上样 取一个干净的离心管，加入适量的 DNA 样品及 1/5 体积 6×载样缓冲液，混匀，用微量移液器吸取样品上样于凝胶加样孔中。一般每排加样孔至少加一份 DNA Marker。

4. 电泳 接通电泳槽与电泳仪的电源，正确连接电极（检查正负极，DNA 片段是从负极向正极移动），在 100V 恒压条件进行电泳，待蓝色染料超过 2/3 段凝胶，停止电泳。

5. 观察结果 取出带凝胶的胶板（小心凝胶滑落），置于自动成像仪平板处小心推出凝胶，在紫外光下观察，判断 DNA 样品的大小。拍照成像，保存结果。

【注意事项】

1. 电泳时不能求快刻意加大电压，一般以电泳两极间 3~5V/cm 为宜，不能超过 20V/cm，电压过高易导致发热使胶变形，甚至熔化。电压和温度过高，可能导致出现条带模糊和不规则的 DNA 带迁移的现象。

2. 上样时吸头不能挂到孔的边缘，更不能插入孔内过深导致底部扎穿。

3. 选择合适的 DNA Marker，一般目的条带应居于 Marker 条带覆盖的区域内。

4. 电泳时间以目的条带迁移适宜分辨观察为宜，但要防止小片段跑出胶外。

【结果与分析】

1. DNA 条带的亮度与 SYBR®Green I 荧光染料的浓度、质量相关，也与 DNA 的浓度成正比。DNA 的浓度太高可能导致 DNA 带型模糊，显色过亮不利于观察，浓度过低可能导致信号弱看不到。

2. 普通琼脂糖凝胶分离 DNA 的范围为 0.2~20kb，浓度通常在 0.5%~2%，低浓度凝胶用来进行大片段核酸的分离，高浓度的用来分离小片段。低浓度胶易碎，小心操作和使用质量好的琼脂糖是解决此类问题的办法。电泳缓冲液的 pH 在 6~9，离子强度以 0.02~0.05 为最适。利用脉冲电泳，可分离高达 10^7bp 的 DNA 片段。

3. 电泳时使用新配制的缓冲液可以明显提高电泳效果，电泳缓冲液多次使用后，离子强度降低，pH 值上升，缓冲性能下降，可能使 DNA 电泳产生条带模糊和不规则的 DNA 带迁移的现象。

4. 若 DNA 样品中含盐量太高或含杂质蛋白多，均可以产生条带模糊和条带缺失的现象。乙醇沉淀可以去除多余的盐，用酚可以去除蛋白。注意变性的 DNA 样品可能导致条带模糊和缺失，也可能出现不规则的 DNA 条带迁移。上样前不要对 DNA 样品加热，用 20mmol/L NaCl 稀释可以防止 DNA 变性。

【方法评价】

1. 琼脂糖凝胶结构均匀，含水量大（占 98%～99%），接近于自由电泳，对样品吸附极微，样品扩散度较自由电泳小，电泳图谱会比较清晰，重复性好。

2. 电泳后区带易染色，样品易洗脱，便于定量测定；胶中的样品可以进行转印做 Southern blot 或 Northern blot 分析。

3. 琼脂糖呈透明状，无紫外吸收，电泳后的样品可直接用紫外检测。采用低熔点琼脂糖可以方便地进行割胶回收处理。

4. 虽然分辨率不如聚丙烯酰胺凝胶电泳，但操作简单，电泳速度快，样品无须事先处理就可进行电泳。

【实验应用】

1. DNA 片段的分离　分离的目的 DNA 范围涵盖 0.2～20kb 的 DNA 片段，可以是质粒 DNA、PCR 产物、基因组 DNA 及相应的酶切产物。

2. DNA 片段的回收及纯化　分离后的目的 DNA 片段可以采取割胶回收，并进行进一步纯化从而获得单一的目的片段。

3. 可以用于 Southern blot 或 Northern blot 分析。

【知识拓展】

1. Marker 的选择　DNA 电泳一定要使用 DNA Marker 或已知大小的对照 DNA 来估计 DNA 片段的大小。Marker 应该选择在目标片段大小附近 ladder 较密的，这样对目标片段大小的估计才比较准确。常用的 DNA Marker 有 DL2000、DL5000、1kb Marker、λDNA/*Hind*Ⅲ 或者 λDNA/*Eco*RⅠ等，Marker 的电泳同样也要符合 DNA 电泳的操作标准。如果选择 λDNA/*Hind*Ⅲ 或者 λDNA/*Eco*RⅠ的酶切 Marker，需要预先以 65℃加热 5min，冰上冷却后使用，以避免 *Hind*Ⅲ 或 *Eco*RⅠ酶切造成的黏性接头片段连接不规则或条带信号弱等现象。

2. SYBR®Green Ⅰ核酸荧光染料　SYBR®Green Ⅰ是一种高灵敏度的荧光染料，广泛应用于检测琼脂糖和聚丙烯酰胺凝胶中的核酸。根据 Ames 测试结果，SYBR®Green Ⅰ没有溴乙锭（ethidium bromide，EB）易诱导有机体突变的危险。该染料对 DNA 有较强的亲和力，当其结合到 DNA 上时，会产生很强的荧光及高量子产额，DNA/SYBR®Green Ⅰ复合物的量子产额约为 0.8，荧光强度要比 EB 强至少 10 倍。由于与核酸结合后能产生很强的信号，背景极低，并且对核酸的亲和力很高，因此 SYBR 染料可在低浓度条件下使用。如果用 300nm 的透视法照射，SYBR®Green Ⅰ对 DNA 的最低检测量为 60pg（或 6×10^{-11}g）。如果用 254nm 光源从上往下照射，最低可以检测到 20pg 的 dsDNA。SYBR®Green Ⅰ大约比 EB 灵敏 25 到 100 倍。如果用 300nm 的透视法照射，检测寡核苷酸的极限是 1～2pg。SYBR®Green Ⅰ的高灵敏度特性使其在检测微量 DNA 时尤其有用，包括低循环数和少量 DNA 扩增产品（如 PCR）中的检测。SYBR®Green Ⅰ的高灵敏度特性使其可以在某些时候甚至可以取代放射性同位素和银染染料。

SYBR®Green I 用于电泳检测 DNA 时，既可预染，也可电泳后再进行染色。SYBR®Green I 用于琼脂糖电泳检测 DNA 后，可直接将 DNA 转移至膜上，进行后续核酸印迹杂交反应。此外，SYBR®Green I 与 DNA 的结合对多种常用的限制性内切酶活性无抑制作用，可直接进行消化或连接。

SYBR®Green I 主要用于溶液中 DNA 的定量，特别适用于荧光定量 PCR 检测（即实时 PCR）。SYBR®Green I 原液是无水 DMSO 配制的 10 000 倍浓缩液。配制工作液时可用 TAE、TE 或 TBE 缓冲液，或直接加于上样缓冲液中。但注意 10 000 倍浓缩液浓度太大，如果直接加入水溶液中不易溶解，因此必须先用 DMSO 稀释 10 至 100 倍后，再加于各种水溶液中。

SYBR®Green I 应避光存放，原液保存于−20℃；工作液保存于 4℃，最好存于密封聚丙烯容器。

【学生目标考核】

1. 能较好地进行电泳的全部操作，包括试剂的配制、制胶和上样及成像观察。

2. 能根据 Marker 条带来分析 DNA 的大小，理解电泳分离的原理。

3. 初步了解琼脂糖凝胶电泳的应用范围。

（陈维春）

实验 11　聚合酶链反应（PCR）扩增 DNA

【实验目的】

1. 掌握 PCR 技术的原理和操作。

2. 熟悉 PCR 的应用。

3. 了解 PCR 仪的参数设置及工作方式。

【实验原理】

PCR 即聚合酶链（式）反应，PCR 技术是模拟 DNA 的天然复制过程，在体外扩增目的基因的技术，其特异性依赖于与靶序列两端互补的寡核苷酸引物。PCR 由变性—退火—延伸三个基本反应步骤构成。①模板 DNA 的变性：模板 DNA 经加热至 92～95℃后，DNA 双链或经 PCR 扩增形成的双链 DNA 氢键断裂，双链解离形成单链 DNA；②单链 DNA 与引物的退火（复性）：经加热变性成单链后的模板 DNA，温度降至 55℃左右，引物能够与模板 DNA 单链的互补序列配对结合；③延伸：在 Taq DNA 聚合酶的作用下，以 4 种脱氧核糖核苷三磷酸（dNTP）为原料，以引物为起始沿着 DNA 模板进行链延伸合成一条新的与模板 DNA 链互补的子链，该过程遵循碱基互补配对及 DNA 半保留复制原理。

重复循环变性—退火—延伸的过程，每次循环所得的产物可作为下一循环的模板，理论上循环一次产物增加一倍，经过 25~30 个循环 2~3h 的反应，能获得几百万倍的扩增产物。

【实验器材】

主要仪器：PCR 仪、微量移液器、0.2mL PCR 管、掌式离心机、高压灭菌锅。

【实验试剂】

1. 上游引物和下游引物（即 Primer1 和 Primer2，10μmol/L） 上游引物序列：5′ AATCTAGACATATGAGCAGCTCAGAGGAGGT 3′；下游引物序列：5′ AAGGATCCAAGCTTCAGCGAATCGTCTTGACTGG 3′，用于扩增人蛋白激酶 CK2β 亚基基因，5′端分别包含 *Nde* I 和 *Hind* III 酶切位点。目标 PCR 产物大小为 672bp。

2. PCR 反应试剂 *Taq* DNA 聚合酶、dNTP Mixture（每管 10mmol/L）、10×PCR Buffer（25mmol/L MgCl$_2$，500mmol/L KCl，100mmol/L Tris-Cl，pH9.0，1% TritonX-100）。

3. DNA 模板 含人蛋白激酶 CK2β 亚基 cDNA 的重组质粒（pTCKB，3087 bp），浓度为 1ng/μL。

4. 超纯水

【实验步骤】

1. PCR 反应液加样 取 0.2mL PCR 管，按表 2-15 操作加入相应的试剂。

表 2-15 PCR 反应液加样

试剂	加入量	最终浓度（或含量）
超纯水	6μL	
10×PCR Buffer	2μL	1×Buffer
dNTP	2μL	各 0.2mmol/L
上游引物	2μL（5μmol/L）	12.5pmol
下游引物	2μL（5μmol/L）	12.5pmol
Taq DNA 聚合酶	1μL（0.5U/μL）	0.5U
DNA 模板（pTCKB）	5μL（1ng/μL）	5ng
总体积	20μL	

用手指轻弹管壁，混匀，盖紧，编号，掌式离心机上稍离心。于 PCR 仪上进行 PCR 反应。

2. PCR 循环 在适当的参数条件下循环 25~35 次。以下为一个常用的反应参数（表 2-16）。

表 2-16 PCR 循环反应参数

温度	时间	循环
94℃	5min	1
94℃	20s	
50℃	20s	30
72℃	20s	
72℃	10min	1
4℃	∞	1

3. 循环结束后取出样品，进行琼脂糖凝胶电泳分析。

【注意事项】

1. 要统一使用同一种类型的 PCR 管，避免高低不一导致样品蒸发。

2. PCR 反应体系中各种组分的用量都极少，必须严格注意吸样量的准确性，并保证全部加入反应体系中。加完一种试剂后要及时换吸头，避免交叉污染。

3. 加试剂时一般先加超纯水，最后加 DNA 模板。

4. 进行 PCR 反应前，PCR 管要盖紧，否则易导致液体蒸发影响 PCR 反应。

【结果与分析】

PCR 结束后需进行琼脂糖凝胶电泳分析，一般特异性扩增显示一个目标条带。若是扩增特异性不强，模板不纯或者是随机引物等可能出现多个条带。也可能模板中目的基因丰度低或引物设计不合理导致出现阴性扩增结果。PCR 反应用耐高温的 *Taq* DNA 聚合酶，一次性地将反应液加好后，在 PCR 仪上进行变性—退火—延伸反应，一般在 2~4h 完成扩增反应。PCR 产物的生成量是以指数方式增加的，能将皮克（$pg=10^{-12}g$）量级的起始待测模板扩增到微克水平。

1. 结果计算 DNA 扩增后的拷贝数可用 $Y=(1+X)^n$ 来计算。

Y 代表 DNA 片段扩增后的拷贝数，X 表示平均每个循环的扩增效率，n 代表循环次数。

平均扩增效率 X 的理论值为 100%，但由于反应过程中模板、引物和 dNTP 等的浓度和酶活力在不断改变，实际反应中平均效率达不到理论值。循环初期靶序列 DNA 片段呈指数增加，随着产物的逐渐积累，被扩增的 DNA 片段不再呈指数增加，而进入线性增长期或静止期，即会出现"停滞效应"，或称为平台期，大多数情况下平台期的到来是不可避免的。

2. 结果分析

（1）PCR 扩增的产物可分为长产物片段和短产物片段两种，是由于引物所结合的模板不同造成的。在 PCR 第一个循环周期中，以两条互补的 DNA 为模板，引物是从 3′端开始延伸，其 5′端是固定的，3′端则没有固定的终点，因而产物长短不一，这就是"长产物片段"。进入第二个循环后，引物除与原始模板结合外，还要同新合成的链（即"长产物片段"）结合，引物在与新链结合时，由于新链模板的 5′端序列是固定的，等于这次延伸的片段 3′端被固定了终点，保证了新片段的起点和终点都限定于引物扩增序列以内，形成长短一致的"短产物片段"。"短产物片段"的长度严格地限定在两个引物链 5′端之间，是需要扩增的特定目标片段。循环中"短产物片段"是按指数倍数增加，而"长产物片段"则以算术倍数增加，经过 25～30 个循环后者几乎可以忽略不计，产物几乎都是"短产物片段"，不需要再纯化即能保证足够纯 DNA 片段供分析与检测用。

（2）PCR 实验比较容易出现阴性或假阳性的结果。

出现阴性结果的可能原因有：①制备的 cDNA 质量不高或目的基因的 mRNA 丰度极低或被降解；②漏加了 PCR 的反应成分，或由于加样操作不准确导致各反应成分的用量不恰当；③*Taq* DNA 聚合酶活力不够或其活性受到抑制；④引物设计不合理；⑤PCR 循环次数不够或参数设置不当等。实验中阴性情况出现后，可以在原来扩增的产物中再加入 *Taq* DNA 聚合酶，并增加 5～10 次循环，检测是否有产物扩增出来。操作中为了防止阴性结果的出现，应选用活力高、质量好的 *Taq* DNA 聚合酶，注意保护酶的活力，避免多次冻融或长时间室温放置。制备 cDNA 模板时特别注意避免含有抑制酶活性的污染物，如酚、氯仿等有机试剂。PCR 的引物设计要合理，引物与模板 DNA 的互补情况决定了其特异性的高低，特别需要保证引物的 3′端与靶基因互补。

出现假阳性结果的可能原因有：①引物设计不好，或模板中存在目的基因的同源序列，导致引物与模板 DNA 存在非特异性结合；②模板 DNA 质量不高或被污染；③扩增体系中存在的杂质影响了引物的特异性。

PCR 反应高度特异性的决定因素有：①引物与模板 DNA 特异性正确的结合；②碱基配对原则；③*Taq* DNA 聚合酶合成反应的忠实性；④靶基因的特异性与保守性。其中引物与模板的正确结合是关键。引物与模板的结合及引物链的延伸遵循碱基配对原则。聚合酶合成反应的忠实性及 *Taq* DNA 聚合酶耐高温性，使反应中模板与引物的结合（复性）可以在较高的温度下进行，结合的特异性大大增加，被扩增的靶基因片段也就能保持很高的正确度。再通过选择特异性和保守性高的靶基因区，其特异性程度就更高。

【方法评价】

在 PCR 技术建立以前，获取 DNA 只能是从细胞或组织中提取。而 PCR 技术实现了在体外获取目的基因，并可以随意设计引物在体外对目的基因片段进行嵌合、缺失、点突变等改造。PCR 技术高度敏感，特异性强，对模板 DNA 的含量要求很低，是 DNA 和 RNA（RNA 需要先逆转录成为 cDNA）微量分析的最好方法。理论上讲，只要存在一分子的模板，就可以获得目的片段。实际工作中，一滴血液、一根毛发或一个细胞已足以满足 PCR 的检测需要，因此在基因诊断方面具有极广阔的应用前景。PCR 技术用途广泛，可用于检测细胞中基因的表达水平、细胞中 DNA 或 RNA 病毒的含量、结合逆转录可以直接克隆特定基因的 cDNA 序列。PCR 技术能从 100 万个细胞中检出一个靶细胞；在病毒的检测中，PCR 的灵敏度可达 3 个 PFU（空斑形成单位）；在细菌学中最小检出率为 3 个细菌。作为模板的 RNA 可以是总 RNA、mRNA 或体外转录的 RNA 产物。无论使用何种 RNA，关键是确保 RNA 中无 RNA 酶和基因组 DNA 的污染。扩增产物一般用电泳分析，无放射性污染，易操作，有利于广泛应用。

【实验应用】

PCR 技术为在重组 DNA 过程中获得目的基因片段提供了简便快速的方法，该技术可用于：①与逆转录反应相结合，直接从组织和细胞的 mRNA 获得目的基因片段；②利用特异性引物以 cDNA 或基因组 DNA 为模板获得已知目的基因片段；③利用简并引物从 cDNA 文库或基因组文库中获得具有一定序列相似性的基因片段；④利用随机引物从 cDNA 文库或基因组文库中克隆基因；⑤实现基因的体外突变。

【知识拓展】

1985 年美国 PE-Cetus 公司人类遗传研究室的 Mullis 等首先发明 PCR 技术，最初的限制主要在于 DNA 聚合酶不耐高温、特异性差，随着 Taq DNA 聚合酶的发现和纯化，大大提高了扩增片段的特异性和扩增效率，使得 PCR 被广泛地应用。随着技术的发展和进步及研究的深入，PCR 技术本身也出现了许多衍生技术，主要有以下几种。

（1）原位 PCR 技术：原位 PCR 就是在组织细胞里进行 PCR 反应，它结合了具有细胞定位能力的原位杂交和高度特异敏感的 PCR 技术的优点，是细胞学科研与临床诊断领域里的一项有较大潜力的新技术。原位 PCR 是由 Hasse 等于 1990 年建立的，实验用的标本是新鲜组织、石蜡包埋组织、脱落细胞、血细胞等。原位 PCR 既能分辨鉴定带有靶序列的细胞，又能标出靶序列在细胞内的位置，于分子和细胞水平上研究疾病的发病机制和临床过程及病理的转归有重大的实用价值。其特异性和敏感性高于一般的 PCR。

（2）连接酶链反应（ligase chain reaction, LCR）：是一种新的 DNA 体外扩增和检测技术，主要用于点突变的研究及靶基因的扩增。LCR 的基本原理为利用 DNA 连接酶，特异地将双链 DNA 片段连接，经变性—退火—连接三步骤反复循环，从而使靶基因序列大量扩增，其程序为：在模板 DNA、DNA 连接酶、寡核苷酸引物及相应的反应条件下，首先加热至一定温度下（94~95℃）使 DNA 变性，双链打开，然后降温退火（65℃），引物与互补的模板 DNA 结合并留下一缺口，如果与靶序列杂交的相邻的寡核苷酸引物与靶序列完全互补，DNA 连接酶即可连接封闭这一缺口，则 LCR 反应的三步骤（变性—退火—连接）就能反复进行，每次连接反应的产物又可在下一轮反应中作模板，使更多的寡核苷酸被连接与扩增。若连接处的靶序列有点突变，引物不能与靶序列精确结合，缺口附近核苷酸的空间结构发生变化，连接反应不能进行，也就不能形成连接产物。目前该方法主要用于点突变的研究与检测、微生物病原体的检测及定向诱变等，还可用于单碱基遗传病多态性及单碱基遗传病的产物诊断、微生物的种型鉴定、癌基因的点突变研究等。

（3）不对称 PCR（asymmetric PCR）是用不等量的一对引物，PCR 扩增后产生大量的单链 DNA（SSDNA）。这对引物分别称为非限制性引物与限制性引物，其比例一般为 50∶1～100∶1。在 PCR 反应的最初 10～15 个循环中，其扩增产物主要是双链 DNA，但当限制性引物（低浓度引物）消耗完后，非限制性引物（高浓度引物）引导的 PCR 就会产生大量的单链 DNA。不对称 PCR 的关键是控制限制性引物的绝对量，需多次摸索优化两条引物的比例。还有一种方法是先用等浓度的引物 PCR 扩增，制备双链 DNA（dsDNA），然后以此 dsDNA 为模板，再以其中的一条引物进行第二次 PCR，制备单链 DNA（ssDNA）。不对称 PCR 制备的 ssDNA，主要用于核酸序列测定。

（4）重组 PCR：使两个不相邻的 DNA 片段重组在一起的 PCR 称为重组 PCR（recombinant PCR）。Mullis 等于 1986 年报道了由 PCR 扩增的两个 DNA 片段通过重组后再经延伸而制备出新的 DNA 分子。其基本原理为将突变的碱基，插入或缺失片段，或一种物质的几个基因片段均设计在引物中，先分段对模板扩增，除去多余的引物后，将产物混合，再用一对引物对其进行 PCR 扩增。其产物将是一重组的 DNA。重组 PCR 主要用于位点专一碱基置换、DNA 片段的插入或缺失 DNA 片段的连接。

（5）多重 PCR：一般 PCR 仅应用一对引物，通过 PCR 扩增产生一个核酸片段，主要用于单一致病因子等的鉴定。多重 PCR（multiplex PCR），又称多重引物 PCR 或复合 PCR，它是在同一 PCR 反应体系里加上两对以上引物，同时扩增出多个核酸片段的 PCR 反应，其反应原理、反应试剂和操作过程与一般 PCR 相同。用途主要有两方面：①多种病原微生物的同时检测或鉴定，它是在同一 PCR 反应管中同时加上多种病原微生物的特异性引物，进行 PCR 扩增。可用于同时检测多种病原体或鉴定出是哪一型病原体感染，如肝炎病毒的感染，在同一患者或同一供血者体内，有时存在多种肝炎病毒重叠感染，此方法可以一次性检测；②病原微生物，某些遗传病及癌基因的分型鉴定：某些病原微生物，某些遗传病或癌基因，型别较多，或突变或缺失存在多个好发部位，多重 PCR 可提高其检出率并同时鉴定其型别及突变等。可系统应用的有：乙型肝炎病毒的分型、乳头瘤病毒的分型、单纯疱疹病毒的分型、杜氏肌营养不良症的分型及癌基因的检测等。该方法效率高、有系统性、经济简便，多种病原体在同一反应管内同时检出，将大大地节省时间，节省试剂，节约经费开支，为临床提供更多更准确的诊断信息。

（6）免疫-PCR（immuno-PCR）也是一种灵敏、特异的抗原检测系统。它利用抗原-抗体反应的特异性和 PCR 扩增反应的极高灵敏性来检测抗原,尤其适用于极微量抗原的检测。免疫-PCR 试验的主要步骤有三个:①抗原-抗体反应;②与嵌合连接分子结合;③PCR 扩增嵌合连接分子中的 DNA(一般为质粒 DNA)。该技术的关键环节是嵌合连接分子的制备。在免疫-PCR 中,嵌合连接分子起着桥梁作用,它有两个结合位点,一个与抗原抗体复合物中的抗体结合,另一个与质粒 DNA 结合,其基本原理与 ELISA 和免疫酶染色相似,不同之处在于其中的标记物不是酶而是质粒 DNA,在操作反应中形成抗原抗体-连接分子-DNA 复合物,通过 PCR 扩增 DNA 来判断是否存在特异性抗原。免疫 PCR 的优点是特异性较强、敏感度高、操作简便,PCR 扩增质粒 DNA 比扩增靶基因容易得多,一般实验室均能进行。

【学生目标考核】

PCR 技术是分子生物学的重要技术和手段,通过本实验的学习,操作者应能:

1. 理解 PCR 循环中的变性、退火和延伸过程的具体反应及机制,熟练操作反应体系的加样过程并清楚各组分在反应中的作用。

2. 熟悉 PCR 在目的基因获取及基因鉴定等方面的主要用途,了解几种 PCR 的衍生技术的策略和用途。

3. 了解 PCR 仪器的工作原理并能正确设置反应参数。

(陈维春)

实验 12 胰岛素和肾上腺素对血糖浓度的影响

【实验目的】

1. 掌握测定血清葡萄糖浓度的原理和实验方法。
2. 熟悉血清葡萄糖浓度测定的临床意义。
3. 了解胰岛素和肾上腺素对兔血糖浓度的影响。

【实验原理】

机体血糖一般维持在一个相对稳定的水平,激素是调节机体血糖浓度稳定的重要因素。胰岛素能降低血糖,肾上腺素等激素能升高血糖。给不同的家兔分别注射胰岛素和肾上腺素,测定注射前后兔静脉血的葡萄糖浓度,比较注射前后血糖浓度的变化,了解两种激素对血糖浓度的影响。

葡萄糖氧化酶(glucose oxidase,GOD)利用氧和水将葡萄糖氧化为葡萄糖酸(D-葡萄糖酸 δ 内酯),并释放过氧化氢。在过氧化物酶(POD)的催化下,将过氧化氢分解为水和氧,并使色原性氧受体 4-氨基安替比林和酚去氢缩合为红色醌类化合物,即 Trinder 反应。红色醌类化合物的生成量与葡萄糖的含量呈正比。

$$\text{葡萄糖} + O_2 + H_2O \xrightarrow{GOD} \text{葡萄糖酸} + H_2O_2$$
$$H_2O_2 + \text{4-氨基安替比林} + \text{酚} \xrightarrow{POD} \text{红色醌类化合物} + H_2O$$

【实验器材】

主要仪器：UV-2100 型或 UV-1800 型紫外-可见光分光光度计等。

【实验试剂】

注射动物用试剂 草酸钾、二甲苯、凡士林、250g/L 葡萄糖、肾上腺素注射液（1mg/mL）、胰岛素注射液（4U/mL）。

测定葡萄糖所用试剂：

（1）0.1mol/L pH7.0 磷酸盐缓冲液：称取无水磷酸氢二钠 8.67g 及无水磷酸二氢钾 5.3g 溶于 800mL 蒸馏水中，用 1mol/L 氢氧化钠（或 1mol/L 盐酸）调 pH 至 7.0，用蒸馏水定容至 1L。

（2）酶试剂：称取葡萄糖氧化酶 1200U、过氧化物酶 1200U，4-氨基安替比林 10mg，叠氮钠 100mg，溶于磷酸盐缓冲液 80mL 中，用 1mol/L NaOH 调 pH 至 7.0，用磷酸盐缓冲液定容至 100mL，置于 4℃保存，可稳定 3 个月。两种酶为整个测定反应提供所需催化剂，4-氨基安替比林与酚可以与过氧化氢产生颜色反应。

（3）酚溶液：称取重蒸馏酚 100mg 溶于蒸馏水 100mL 中，用棕色瓶贮存。酚与 4-氨基安替比林可以与过氧化氢产生颜色反应。

（4）酶-酚混合试剂：酶试剂及酚溶液等量混合，置于 4℃可以存放 1 个月。

（5）12mmol/L 苯甲酸溶液：溶解苯甲酸 1.4g 于约 800mL 蒸馏水中，加温助溶，冷却后加蒸馏水定容至 1L。它的作用是用来配制葡萄糖标准溶液，可以防止葡萄糖被氧化，因为葡萄糖是醛糖，具有一定的还原性，易被氧化，而苯甲酸具有较强的还原性，可以保护葡萄糖免受氧化，此外，苯甲酸还是常用的食品防腐剂。

（6）100mmol/L 葡萄糖标准贮存液：称取已干燥恒重的无水葡萄糖 1.802g，溶于 12mmol/L 苯甲酸溶液约 70mL 中，以 12mmol/L 苯甲酸溶液定容至 100mL。2 小时以后（最好过夜）方可使用。

（7）5.0mmol/L 葡萄糖标准应用液：吸取葡萄糖标准贮存液 5.0mL 放于 100mL 容量瓶中，用 12mmol/L 苯甲酸溶液稀释至刻度，混匀。

【实验步骤】

1. 动物准备 实验前家兔预先饥饿 16h，每个班取正常家兔两只，称体重（一般为 2~3 kg）。

2. 计算注射剂量 根据体重计算注射胰岛素或肾上腺素所需的体积（毫升数）。一只家兔注射胰岛素，剂量为 0.75 U/kg 体重；另一只家兔注射肾上腺素，剂量为 0.4 mg/kg 体重。

3. 注射激素前取血 从家兔耳缘静脉取血：剪去耳毛，用二甲苯擦拭兔耳，使其血管充血，再用干棉球擦干，于放血部位涂一薄层凡士林，再用刀片或粗针头刺破静脉放血，或者采用 5mL 注射器直接抽血。收集约 5mL 静脉血于 3~5 个干净离心管中，静置 10~20min 至血清析出。取血完毕，用干棉球压迫血管止血。

4. 皮下注射激素　一只家兔注射胰岛素，另一只家兔注射肾上腺素。用 1mL 注射器吸取相应体积的激素，捏住腹部皮肤将针尖插到皮下（针尖有悬空感），将激素注入。分别记录注射的时间。

5. 注射激素后取血　取血时间：肾上腺素注射后 30min，胰岛素注射后 1h 后取血，一般从另一侧耳朵取，方法同上。也可以采用心脏取血，取 10mL 或 50mL 注射器，从胸窝上约 2 指宽位置进针。同样采血约 5mL 静置 10~20min 至血清析出。

从注射胰岛素的兔子取血后，应立即用 10mL 250g/L 葡萄糖做腹腔内或皮下注射，以防家兔发生胰岛素休克（低血糖休克）。

6. 分离血清　静置 10~20min 后的血清，于高速离心机上 4000r/min 离心 10min，吸取上层淡黄色血清于新的离心管中，做好标记。

7. 血清葡萄糖浓度测定，按表 2-17 进行。

表 2-17　葡萄糖浓度测定各管加样情况

加入物（mL）	空白管	标准管	测定管
血清	—	—	0.02
葡萄糖标准应用液	—	0.02	—
蒸馏水	0.02	—	—
酶-酚混合试剂	3.00	3.00	3.00

8. 各管充分混匀，置于 37℃水浴保温 15min。

9. 水浴结束后，每管再加入 2mL 蒸馏水，混匀，用空白管调零，在 505nm 波长测定各管吸光度，记录标准管及各个测定管吸光度。

注：①葡萄糖氧化酶对 β-D 葡萄糖具有高度特异，溶液中的葡萄糖约 36% 为 α 型，64% 为 β 型；要使葡萄糖完全氧化，需要将 α 型变构为 β 型，所以酶-酚混合试剂应含有变旋酶或者是将葡萄糖标准溶液过夜平衡后才能使用；但在终点法中，延长孵育时间可以完成自发变旋过程；新配制的葡萄糖标准液主要是 α 型，故须放置 2h 以上（最好过夜），待变旋平衡后才可使用。当溶液中 α 型、开环和 β 型 D 葡萄糖达到平衡时，溶液中 β-D 葡萄糖被葡萄糖氧化酶催化生成葡萄糖酸后，α 型和开环 D 葡萄糖同时会有相应的量转变为 β-D 葡萄糖，直至被葡萄糖氧化酶催化完全为止。②葡萄糖氧化酶法可直接测定脑脊液葡萄糖含量，但不能直接测定尿液葡萄糖含量。因为尿液中尿酸等干扰物质浓度过高，可干扰过氧化物酶反应，造成结果偏低。③测定标本以草酸钾-氟化钠为抗凝剂的血浆较

好。取草酸钾 6g，氟化钠 4g，加水溶解至 100mL。吸取 0.1mL 到试管内，在 80℃以下烤干使用，可使 2～3mL 血液在 3～4 天内不凝固并抑制糖分解。④本法用血量甚微，操作中应直接加标本至试剂中，再吸试剂反复冲洗吸管，以保证结果可靠。⑤严重黄疸、溶血及乳糜样血清应先制备无蛋白血滤液，然后再进行测定。⑥最后加酶-酚混合试剂，各管反应时间应一致。

【结果与分析】

1. 结果计算

$$血清葡萄糖浓度（mmol/L）= \frac{A_{测定管}}{A_{标准管}} \times 标准管葡萄糖浓度$$

2. 结果分析　健康成年人，空腹血清葡萄糖浓度（fasting plasma glucose，FPG）3.89～6.11mmol/L。

【实验应用】

1. 生理性高血糖 可见于摄入高糖食物后，或情绪紧张肾上腺素分泌增加时。

2. 病理性高血糖

（1）糖尿病：病理性高血糖常见于胰岛素绝对或相对不足的糖尿病患者。

（2）内分泌腺功能障碍：甲状腺功能亢进、肾上腺皮质功能及髓质功能亢进引起的各种对抗胰岛素的激素分泌过多也会出现高血糖。注意升高血糖的激素增多引起的高血糖，现已归入特异性糖尿病中。

（3）颅内压增高：颅内压增高刺激血糖中枢，如颅外伤、颅内出血、脑膜炎等。

（4）脱水引起的高血糖：如呕吐、腹泻和高热等也可使血糖轻度增高。

3. 生理性低血糖　见于饥饿和剧烈运动。

4. 病理性低血糖　特发性功能性低血糖最多见，依次是药源性、肝源性、胰岛素瘤等。

（1）胰岛 B 细胞增生或胰岛 B 细胞瘤等，使胰岛素分泌过多。

（2）对抗胰岛素的激素分泌不足，如垂体前叶功能减退、肾上腺皮质功能减退和甲状腺功能减退而使生长素、肾上腺皮质激素分泌减少。

（3）严重肝病患者，由于肝脏储存糖原及糖异生等功能低下，肝脏不能有效地调节血糖。

【方法评价】

1. 线性范围至少可达 22.24mmol/L，回收率 94%～105%，批内 CV 为 0.7%～2.0%，批间 CV 为 2%左右，日间 CV 为 2%～3%。葡萄糖氧化酶法与己糖激酶法比较，73 份标本葡萄糖氧化酶法均值为 8.31mmol/L，己糖激酶法均值为 8.21mmol/L，相关系数为 0.9986，回归方程 $y=1.0026x-2.29$。

2. 本法测定葡萄糖特异性非常好，从原理反应式中可知第一步是特异反应，第二步特异性较差。误差往往发生在反应的第二步。一些还原性物质（如尿酸、维生素C、胆红素和谷胱甘肽等）可与显色试剂竞争过氧化氢，从而消耗反应过程中所产生的过氧化氢，产生竞争性抑制，使测定结果偏低。然而在本法的测定条件下，溶血标本血红蛋白的浓度达10g/L、黄疸标本胆红素浓度达342μmol/L、维生素C小于30mg/L均不影响测定结果。氟化钠浓度达2g/L不干扰测定结果。标本中含尿素浓度达46.7mmol/L、尿酸浓度达2.95mmol/L、肌酐浓度达4.42mmol/L、半胱氨酸浓度达3.30mmol/L、甘油三酯浓度达5.6mmol/L、胆固醇4.40mmol/L对测定结果均无显著影响。

3. 左旋多巴100mg/L、维生素C 5mg/L以上、谷胱甘肽100mg/L时，可引起负误差；半胱氨酸达10mmol/L时，产生相当0.72mmol/L葡萄糖的正误差。

【知识拓展】

1. 葡萄糖耐量试验　简称糖耐量试验，是诊断糖尿病的一种实验室检查方法，包括静脉葡萄糖耐量试验（intravenous glucose tolerance test，IGTT）和口服葡萄糖耐量试验（oral glucose tolerance test，OGTT）。IGTT只用于评价葡萄糖利用的临床研究手段，或胃切除后、吸收不良综合征等特殊患者；OGTT则是临床最常见的检查手段。

（1）糖耐量试验标准方法：①试验前每天碳水化合物摄入量不少于150g，有正常的体力活动至少3天；②过夜空腹10~14h；③试验前禁用酒、咖啡、茶，保持情绪稳定；④上午8:30以前空腹抽血，然后饮用含75g葡萄糖的水250~300mL，5min内饮完。（若空腹血糖≥15.0mmol/L或1型糖尿病，有酮症倾向者以100g面粉馒头替代，10~15min内吃完）；⑤分别于饮糖水或吃完馒头后0.5、1、2、3h各抽血一次，测定血糖值。

（2）糖耐量试验的适应证：①临床疑有糖尿病，单凭空腹血糖化验结果不能确定者；②已确诊糖尿病，需对患者血糖分泌峰值、胰岛素分泌功能、C肽等做全面了解；③其他原因引起的糖尿鉴别，如肾性糖尿、滋养性糖尿等。

（3）糖耐量试验的临床意义：①正常值，空腹3.9~6.1mmol/L，1h血糖上升达高峰，但<11.1mmol/L、2h下降至<7.8mmol/L、3h下降在空腹值；②确诊糖尿病，空腹血糖≥7.0mmol/L或餐后血糖≥11.1mmol/L，重复两次以上；③了解血糖波动范围，分析糖尿病稳定程度：正常人空腹血糖波动范围为3.9~6.1mmol/L，糖尿病患者空腹血糖与餐后3h血糖差越小病情越稳定，反之则不稳定。

2. 世界卫生组织（WHO）推荐糖尿病及其相关病理状态的诊断标准　高血糖症指的是空腹血糖浓度超过7.3mmol/L。病理性的高血糖表现为糖尿病、空腹血糖损害和糖耐量减退，后两者合称为空腹血糖损害，反映了基础状态下糖代谢稳态的轻度异常，糖耐量减退反映了负荷状态下机体对葡萄糖处理能力减退的糖尿病的相关病理状态。糖尿病诊断标准、妊娠性糖尿病（gestational diabetes mellitus，GDM）诊断标准及空腹血糖损害和糖耐量减退的诊断标准分别见表

2-18、表 2-19 及表 2-20。

表 2-18　WHO 糖尿病的诊断标准（1999 年）

糖尿病典型症状（如多食、多饮、多尿、无原因体重减轻），同时有以下一项者

随机血糖≥11.1mmol/L（200mg/dL）

FPG≥7.0mmol/L（126mg/dL）

OGTT 2h PG≥11.1mmol/L（200mg/dL）

注：以上 3 项均可单独用来诊断 DM，但其中任一种出现阳性结果，日后都须用任意一种复查才能确诊。以上诊断标准适用于所有人群，但低于上述标准并不能排除糖尿病。

表 2-19　GDM 的筛查与诊断

筛查：对所有 24～28 孕周、具中高危 GDM 倾向的妊娠妇女进行筛查。空腹条件下，口服 50g 葡萄糖，测定 1h PG，若≥7.8mmol/L，则需进行葡萄糖耐量试验

GDM 的诊断标准（2020 年）

100g 葡萄糖负荷试验

　　FPG 浓度＞5.1mmol/L（92mg/dL）

　　1h 血糖浓度＞10.0mmol/L（180mg/dL）

　　2h 血糖浓度＞8.5mmol/L（153mg/dL）

　　3h 血糖浓度＞7.8mmol/L（140mg/dL）

75g 葡萄糖负荷试验

　　FPG 浓度＞5.1 mmol/L（92mg/dL）

　　1h 血糖浓度＞10.0 mmol/L（180mg/dL）

　　2h 血糖浓度＞8.5 mmol/ L（153mg/dL）

GDM 的诊断标准仅限于妊娠期间，且至少要满足≥2 项指标才能诊断

如果结果正常，而临床疑似 GDM，则需在妊娠第三个三月重复上述测定

注：100g 和 75g 葡萄糖负荷试验均可，目前或尚无统一标准，多数采用 100g 进行负荷试验

表 2-20　空腹血糖损害和糖耐量减退的诊断标准

空腹血糖损害（IFG）

空腹血浆葡萄糖浓度（FPG）在 6.1～7.0mmol/L（110～126mg/dL）内

口服葡萄糖耐量试验（OGTT）2 小时血浆葡萄糖（2hPG）＜7.8mmol/L（140mg/dL）

糖耐量减退（IGT）

空腹血浆葡萄糖浓度（FPG）在 3.9～6.1 mmol/L（70～110 mg/dL）

口服葡萄糖耐量试验（OGTT）2 小时血浆葡萄糖（2hPG）7.8～11.1mmol/L（140～200mg/dL）。检测结果同时满足以上两项时，即可诊断

3. 糖尿病简介　　糖尿病（diabetes）是由遗传因素、免疫功能紊乱、微生物

感染及其毒素、自由基毒素、精神因素等各种致病因子作用于机体导致胰岛功能减退、胰岛素抵抗（insulin resistance，IR）等而引发的糖、蛋白质、脂肪、水和电解质等一系列代谢紊乱综合征，临床上以高血糖为主要特点，典型病例可出现多尿、多饮、多食、消瘦等表现，即"三多一少"症状。

糖尿病分 1 型糖尿病、2 型糖尿病、其他特殊类型糖尿病和妊娠期糖尿病。其他特殊类型糖尿病包括胰岛 B 细胞功能的遗传性缺陷、胰岛素作用遗传性缺陷、胰腺外分泌性疾病、内分泌疾病、药物或化学品诱导糖尿病、感染、罕见的免疫介导性糖尿病、其他遗传综合征等原因所致的糖尿病。

在糖尿病患者中，2 型糖尿病所占的比例约为 95%，其中 1 型糖尿病多发生于青少年，因胰岛素分泌缺乏，依赖外源性胰岛素补充以维持生命；2 型糖尿病多见于中、老年人，其胰岛素的分泌量并不低，甚至还偏高，临床表现为机体对胰岛素不够敏感，即胰岛素抵抗；妊娠期糖尿病是指在妊娠期间发现的糖尿病，包括任何程度的糖耐量减退和空腹血糖损害，分娩 6 周后复查血糖并根据 DM 的诊断标准重新确定是否为糖尿病，或空腹血糖损害，或糖耐量减退或正常血糖。

胰岛素是人体胰腺 B 细胞分泌的身体内唯一的降血糖激素。胰岛素抵抗是指体内周围组织对胰岛素的敏感性降低，外周组织（如肌肉、脂肪）对胰岛素促进葡萄糖的吸收、转化、利用发生了抵抗。临床观察胰岛素抵抗普遍存在于 2 型糖尿病中，高达 90%左右。糖尿病可导致感染、心脏病变、脑血管病变、肾衰竭、双目失明、下肢坏疽等而成为致死致残的主要原因。糖尿病高渗综合征是糖尿病的严重急性并发症，初始阶段可表现为多尿、多饮、倦怠乏力、反应迟钝等，随着机体失水量的增加病情急剧发展，出现嗜睡、定向障碍、癫痫样抽搐、偏瘫等类似脑卒中的症状，甚至昏迷。夏天是老年糖尿病患者并发高渗综合征的多发季节，由于该病的病死率较高，可达 40%左右，男女发生率相仿，相当一部分患者在起病前可无明确的糖尿病史，或仅仅是轻度的 2 型糖尿病，故应引起患者及医务工作者的高度重视。

多数学者认为，胰岛素抵抗系为原发，但很可能"胰岛素抵抗"与"分泌障碍"均存在，只是表现先后轻重不一，可分为三期：第一期，有抵抗和高胰岛素血症，血浆葡萄糖正常，其表现为血糖正常但血脂异常。第二期，抵抗加重，虽有高胰岛素血症，但受体仍不敏感，仍出现餐后高血糖症，其表现为空腹血糖正常但餐后血糖升高。第三期，抵抗仍存在，但胰岛素分泌降低，导致空腹高血糖症，餐后及空腹血糖均增高于正常。

导致胰岛素抵抗的机制有很多，包括"氧化应激"、"线粒体功能障碍"、"内质网应激"等。研究表明，新诊断且没有采取任何治疗措施的 2 型糖尿病患者，机体的氧化应激程度明显高于葡萄糖不耐受个体和正常糖耐量个体。胰岛素抵抗发生在 2 型糖尿病的早期，氧化应激又和机体的胰岛素抵抗呈显著正相关，说明

2型糖尿病的危险因素可能通过氧化应激诱导了胰岛素抵抗的发生。筛选具有胰岛素抵抗易感体质的人群，向其补充抗氧化膳食营养素（如虾青素等），对预防2型糖尿病可能起积极作用。"氧化应激"已经参与了糖尿病的发生、发展，以及并发症的全过程，因此解决方法就是早期使用抗氧化剂。1型糖尿病患者在5年内少有并发症，相反2型糖尿病患者在确诊之前就已经有并发症发生。有50%新诊断的2型糖尿病患者已存在一种或一种以上的慢性并发症，有些是因为并发症才发现患糖尿病的。因此糖尿病的药物治疗应针对其病因改善胰岛素抵抗，以及对B细胞功能的保护，选用胰岛素增敏剂，预防糖尿病慢性并发症的发生和发展。胰岛素增敏剂可增加机体对胰岛素的敏感性，使自身的胰岛素得以"复活"而充分发挥作用，这样就可使血糖能够重新被机体组织细胞所摄取，使血糖下降，达到稳定控制血糖的目的。

4. 糖尿病病因

（1）与1型糖尿病有关的因素：①自身免疫系统缺陷。因为在1型糖尿病患者的血液中可查出多种自身免疫抗体，如谷氨酸脱羧酶抗体、胰岛细胞抗体等。这些异常的自身抗体可以损伤人体胰岛分泌的胰岛素B细胞，使之不能正常分泌胰岛素。②遗传因素。目前研究提示，遗传缺陷是1型糖尿病的发病基础，这种遗传缺陷表现在人第6号染色体的HLA抗原异常上。科学家研究提示，1型糖尿病有家族性发病的特点——如果父母患有糖尿病，那么与无此家族史的人相比，子女更易患上此病。③病毒感染可能是诱因。科学家怀疑病毒也能引起1型糖尿病，这是因为1型糖尿病患者发病之前的一段时间内常常感染病毒，如引起流行性腮腺炎和风疹的病毒，以及能引起脊髓灰质炎的柯萨奇病毒家族，都可以在1型糖尿病中起作用。

（2）与2型糖尿病有关的因素：①遗传因素。和1型糖尿病类似，2型糖尿病也有家族发病的特点。因此很可能与基因遗传有关，这种遗传特性的2型糖尿病比1型糖尿病更为明显。例如：双胞胎中的一个患了1型糖尿病，另一个有40%的机会患上此病；但如果是2型糖尿病，则另一个就有70%的机会患上2型糖尿病。②肥胖。2型糖尿病的一个重要因素可能就是肥胖症。遗传原因可引起肥胖，同样也可引起2型糖尿病。③年龄。年龄也是2型糖尿病的发病因素。有一半的2型糖尿病患者多在55岁以后发病。高龄患者容易出现糖尿病也与年纪大的人容易超重有关。

（3）与妊娠型糖尿病有关的因素：①激素异常。妊娠时胎盘会产生多种供胎儿发育生长的激素，这些激素对胎儿的健康成长非常重要，但却可以阻断母亲体内的胰岛素作用，因此引发糖尿病。妊娠第24~28周是这些激素的高峰时期，也是妊娠型糖尿病的常发时间。②遗传基础。发生妊娠糖尿病的患者将来出现2型糖尿病的危险很大（但与1型糖尿病无关）。因此有人认为，引起妊娠糖尿病的基因与引起2型糖尿病的基因可能彼此相关。③肥胖症。肥胖症不仅容易引起 2 型糖尿病，同样也可引起妊娠糖尿病。

（4）其他研究结果：有研究结果认为，糖尿病可能是弓形虫引起的。大量的弓形虫寄生于大脑细胞内和神经细胞内，使人的各种腺体的分泌都有可能发生紊乱，其中也包括胰岛素的分泌。如果弓形虫同时寄生于胰脏，就直接破坏胰脏的细胞。当 B 细胞受到破坏时，胰岛素的分泌就会受到影响。

【学生目标考核】

1. 熟悉对家兔耳缘静脉取血的所有操作。

2. 熟悉对家兔进行皮下注射操作。

3. 理解葡萄糖标准溶液配制后要过夜放置的原因。

4. 在使用分光光度计测定溶液吸光度时，最容易出现操作错误的步骤是什么？你自己是否已经有解决办法。

（梁爱玲）

实验 13　凝胶过滤分离蛋白质

【实验目的】

1. 掌握凝胶过滤法分离纯化物质的原理与操作技术。

2. 熟悉血红蛋白的制备方法。

3. 了解凝胶过滤法测定蛋白质分子量的操作技术。

【实验原理】

凝胶过滤（gel filtration），又称为凝胶层析或分子筛层析，主要是根据被分离物质颗粒的大小和形状进行分离和纯化，属于色谱技术的一种。当溶质分子大小不同的样品溶液通过凝胶柱时，由于凝胶颗粒内部的网状结构具有分子筛作用，分子大小不同的溶质就会受到不同的阻滞作用，小分子物质能进入凝胶颗粒网孔的内部，流过路径长，流出凝胶柱所需的时间长；而大分子物质由于颗粒大不能进入凝胶颗粒的网孔内，被排除在外部，流过路径短，流出凝胶柱所需时间短。当样品溶液通过凝胶柱时，溶液中的物质就按不同颗粒大小被分开。

本实验中高铁血红蛋白（methemoglobin，MetHb）分子量大，不易渗入网络，被排阻在凝胶颗粒之外，因而所受到阻滞作用小，先流出色谱床；高铁氰化钾 $[K_3Fe(CN)_6]$ 分子量小，能渗透到网络的内部，洗脱流程长，因此所受到的阻滞作用大，后流出色谱床，这样就可以达到分级分离的目的。

在含有血红蛋白（$M_w = 64\ 500$）的磷酸缓冲液中加入过量的高铁氰化钾 $[K_3Fe(CN)_6,\ M_w = 327.25]$，血红蛋白与高铁氰化钾反应生成 MetHb。为了除去多余的高铁氰化钾，得到较纯的 MetHb 样品，将上述混合物通过交联葡聚糖凝胶柱，用磷酸缓冲液洗脱，从颜色的不同，可直接观察到 MetHb（红褐色）洗脱较快，而小分子高铁氰化钾（黄色）洗脱较慢，然后分别收集，将凝胶过滤后收集的 MetHb 溶液装入透析袋。MetHb 溶液中含少量磷酸盐，经过透析使前者脱盐，而 MetHb 保留在透析袋内，达到将 MetHb 完全分离出来的目的。

层析柱中的填料是某些惰性的多孔网状结构物质，即凝胶。凝胶是不溶于水但在水中却有较大膨胀度和较好的分子筛功能的一类化合物。目前主要有葡聚糖凝胶（商品名为 Sephadex）、天然琼脂糖凝胶（商品名为 Sepharose）、聚丙烯酰胺凝胶（商品名为 Bio-Gel），其后还发展了凝胶的各种衍生物，如羧甲基-交联葡聚糖（CM-Sephadex）、二乙基氨乙基-交联葡聚糖（DEAE- Sephadex）等种类。

【实验器材】

主要仪器：1.5cm×25cm 层析柱、UV-2100 型紫外-可见光分光光度计。

实验材料：交联葡聚糖 G-25（细颗粒），为实验所用凝胶。

【实验试剂】

1. 抗凝全血　用于制备血红蛋白。

2. 四氯化碳（CCl_4）　为有机萃取剂。

3. 0.1mol/L 磷酸缓冲液（pH7.0）　取 390mL（13.8g $NaH_2PO_4 \cdot H_2O$ 溶于水中，定容至 1L）和 610mL（26.8g $Na_2HPO_4 \cdot 7H_2O$ 或者 35.9g $Na_2HPO_4 \cdot 12H_2O$ 溶解水中，定容至 1L）混合均匀即可，保存于 4℃冰箱中，作为洗脱液。

4. 0.4% $K_3Fe(CN)_6$　作为样品中的一种组分。

【实验步骤】

1. 凝胶准备　称取 5g 交联葡聚糖 G-25，倾入锥形瓶中，加蒸馏水约 60mL 溶胀，搅动后静置。待凝胶沉积后，用倾注法除去浮于表面的细粒，重复 3 次。将溶胀后的凝胶用 10 倍体积的磷酸缓冲液浸泡过夜，以达平衡。

2. 装柱　取玻璃层析柱（1.5cm×25cm）1 支，垂直装好。加入缓冲液，打开出口，将气泡赶出，主要是赶尽橡胶段可能存在的气泡，关闭出口。然后从管顶向柱内加入缓冲液约 2cm 高，将平衡后的交联葡聚糖 G-25 悬浮液边搅拌边加入柱内，再打开出口，使液体流出，继续加入交联葡聚糖 G-25 悬浮液，柱内凝胶柱床沉积至离柱上端管口约 5cm 时为止。床面上覆盖 3mL 缓冲液，关闭出口，使层析柱稳定 5~10min 后，打开出口，用 2 倍于床体积的磷酸缓冲液洗脱平衡，最后关闭出口。（注意：装柱前注意凝胶上面水层不能太高，约 0.5cm 较合适，凝胶混匀后应该装柱一次成功，检查柱床是否均匀，若有气泡或分层的界面时，需要重新装柱。）

3. 样品处理

（1）血红蛋白溶液的制备：取草酸盐抗凝全血 3mL 离心，吸去上层血浆，加入 5 倍体积的预冷生理盐水，混匀后 3000r/min 离心 5min，弃去上清液，重复洗 3 次。最后 1 次吸去上清液后，在红细胞层上面加等体积蒸馏水振摇，再加 1/2 体积 CCl_4，用力振摇 3min，3000r/min 离心 5min。吸取上层澄清的血红蛋白液备用。此溶液中 Hb 浓度约为 10%（置于 4℃ 暂存，1 周用完）。

（2）样品：血红蛋白液 3 滴加 $K_3Fe(CN)_6$ 8 滴和蒸馏水 2 滴混合，制成 MetHb 混合样品。

4. 上样、洗脱　打开平衡好的层析柱出口，使柱内溶液流出至刚露出柱床面时即关闭出口。吸取 0.3～0.5mL 样品，在距离床面 1mm 处沿管内壁轻轻转动加入，切勿搅动床面。然后打开出口，使样品进入床内，直至床面刚好重新露出（这样可以确保样品不会被洗脱液稀释，避免造成洗脱峰扩展），打开出口的同时开始收集第 1 管，紧接着加入 1～2 倍样品量体积的洗脱液，之后连续加入多量的洗脱液，注意切勿搅动床面凝胶，保持液面距柱床面距离不少于 2cm 进行洗脱。（注意：上样时一定要靠近凝胶柱表面、沿柱内壁缓缓滴加，不能冲击凝胶柱表面。样品上柱后应在凝胶柱表面形成一层薄液层。）

5. 分部收集　用小试管，以 10～15 滴/min 的速度收集，每管收集 15 滴。并且观察柱上的色带，待黄色的 $K_3Fe(CN)_6$ 色带完全洗脱下来，最后一个收集管无明显黄色为止（一般收集 10～13 管），关闭出口。（注意：流速不可太快，否则分子小的物质来不及扩散，随分子大的物质一起被洗脱下来，达不到分离目的。洗脱过程中要防止凝胶柱洗脱液流干。收集要及时，使用较短的层析柱时，不能等红褐色物质流出之后再收集，而应在加样后，立即收集。确保各管收集的液量一致，否则可能导致只有一个洗脱峰）。

6. 测定　将每管收集液加入蒸馏水 2mL，混匀，在 425nm 处测其吸光度。

7. 透析　主要作用是除去蛋白洗脱液可能残存的盐成分。把透析袋、橡皮筋放在盛有蒸馏水的烧杯内浸湿，用橡皮筋扎紧透析袋的一端，然后用滴管吸取 MetHb 洗脱液装入袋内（注意：勿使洗脱液流到袋的外表面），约装入 4mL，扎紧袋的另一端，取小烧杯一个，加 40mL 蒸馏水，将装好样品的透析袋悬入杯内蒸馏水中。打开磁力搅拌器，调至适当的速度，透析 30min（这一步根据实验要求和实验具体情况而定，为选做步骤）。

8. 回收凝胶　加入 1～2 倍柱床体积的洗脱液洗柱，然后将凝胶柱下端橡皮管取下，用洗耳球将凝胶用力吹出至原来盛凝胶的烧杯中，加约 2cm 高磷酸缓冲液浸泡（凝胶要回收重复利用，勿丢弃）。

【结果与分析】

以管数为横坐标，吸光度为纵坐标，绘制洗脱图谱；绘制洗脱图谱时应用平滑曲线将各点相连，在曲线拐角处应避免出现折线。若实验所得到的洗脱图谱出现大、小两个洗脱峰，且两个洗脱峰能明显分开，说明实验成功。最常见的失败例子是只有一个相对较大的洗脱峰，另一个小峰被掩盖，请分析造成这种现象的可能原因有哪些？

【方法评价】

1. 凝胶过滤操作简便，所需设备简单，只需 1 根层析柱便可进行工作。分离所用的凝胶介质不需要像离子交换剂那样进行复杂的再生过程便可重复使用。

2. 分离效果较好，重复性高。最突出的是样品回收率高，接近 100%。

3. 分离条件缓和，凝胶属于惰性载体，不带电荷，吸附力弱，凝胶骨架亲水，分离过程又不涉及化学键的变化，所以对分离物的活性没有不良影响，可在相当广的温度范围下进行。

4. 分离的分子量范围也很宽，如 Sephadex G 分离范围为 $10^2 \sim 10^5$ Da；Sepharose 分离范围为 $10^5 \sim 10^8$ Da。

5. 分辨率不高，分离操作较慢。由于凝胶过滤是以物质分子量的不同作为分离依据的，分子量的差异仅表现在流速的差异上，所以分离时流速必须严格把握，因而分离操作一般较慢，而且对于分子量相差不大的物质难以达到很好的分离。此外，凝胶过滤要求样品黏度不宜太高，凝胶颗粒有时还有非特异性吸附现象。

【知识拓展】

1. 应用广泛 适用于各种生化物质，如肽类、激素、蛋白质、多糖、核酸的脱盐、分离提纯、分析测定及浓缩等。

（1）脱盐：利用凝胶过滤进行脱盐及去除小分子杂质是一种简便、有效、快速的方法，它比一般用透析的方法脱盐要快得多，而且一般不会造成样品较大的稀释，生物分子不易变性。

（2）用于分离提纯：凝胶层析法已广泛用于酶、蛋白质、氨基酸、多糖、激素、生物碱等物质的分离提纯。凝胶过滤是依据分子量的不同来进行分离的，由于这一分离特性，以及具有简单、方便、不改变样品生物学活性等优点，使得凝胶过滤成为分离纯化生物大分子的一种重要手段，尤其是对于一些大小不同，但理化性质相似的分子，用其他方法较难分开，而凝胶过滤无疑是一种合适的方法。例如，对于不同聚合程度的多聚体的分离等。

（3）测定高分子物质的分子量：用一系列已知分子量的标准品放入同一凝胶柱内，在同一条件下层析，记录每一分钟成分的洗脱体积，并以洗脱体积对分子量的对数作图，在一定分子量范围内可得一直线，即分子量的标准曲线。测定未知物质的分子量时，可将此样品加在测定了标准曲线的凝胶柱内洗脱后，根据物质的洗脱体积，在标准曲线上查出它的分子量。凝胶过滤测定分子量操作比较简单，所需样品量也较少，是一种初步测定蛋白分子量的有效方法。这种方法的缺点是测量结果的准确性受很多因素影响。

（4）溶液的浓缩：利用凝胶颗粒的吸水性可以对大分子样品溶液进行浓缩。通常将 SephadexG-25 或 G-50 干胶放入到稀的高分子溶液中，这时水分和低分子量的物质就会进入凝胶粒内部的网孔中，而高分子物质则排阻在凝胶颗粒之外，再经离心或过滤，将溶胀的凝胶分离去除，即可得到浓缩的高分子溶液，这种浓缩方法基本不改变溶液的离子强度和 pH。

（5）去热原物质：凝胶对热原有较强的吸附力。热原物质是指微生物产生的某些多糖蛋白复合物等使人体发热的物质。它们是一类分子量很大的物质，所以可以利用凝胶过滤的排阻效应将这些大分子热原物质与其他相对分子量较小的物质分开。对于去除水、氨基酸、一些注射液中的热原物质，凝胶过滤是一种简单而有效的方法。

（6）蛋白质的复性：为了减少高浓度下的聚集反应，凝胶过滤层析技术也可以用来进行蛋白的体外复性。层析介质的隔离作用，降低了蛋白之间相互作用产生的聚集，使复性浓度、复性率都得到很大的提高。同时，蛋白经过凝胶过滤层析本身也可得到一定的纯化。为了进一步提高蛋白质复性效率，目前发展了一种梯度凝胶过滤层析复性方法。在层析柱中预先设置变性剂浓度的梯度，当复性的蛋白质进入到柱中后，由于蛋白质的表观分子量远远大于变性剂的分子量，蛋白质经过了一个变性剂浓度逐步降低的环境，蛋白质逐步地折叠复性，从而有效地降低了聚集体的形成，并能把聚集体和折叠的蛋白质进行分离。线性梯度在凝胶过滤层析中可能经常会遇到，在实际工作中可设计不同类型的梯度形式，以满足不同的蛋白质的复性需要。

2. 凝胶可以反复使用　凝胶如果不再使用可将其回收，一般方法是将凝胶用水冲洗干净，滤干，依次用 70%、90%、95%乙醇脱水平衡至乙醇浓度达 90%以上，滤干，再用乙醚洗去乙醇、滤干、干燥保存。湿态保存方法是在凝胶浆中加入抑菌剂或水冲洗到中性，密封后高压灭菌保存。

3. 葡聚糖凝胶的种类与性能　葡聚糖又名右旋糖酐，在它们的长链间以三氯环氧丙烷交联剂交联而成，葡聚糖凝胶具有很强的吸水性，商品名以 Sephadex G 表示。"G"反映凝胶的交联程度、膨胀程度及分部范围，G 值越小，交联度越大，吸水性越小，G 值越大，交联度越小，吸水性就越大，二者呈反比关系。G 值大约为吸水量的 10 倍，例如 G-25 为每克凝胶膨胀时吸水 2.5g，G-200 为每克干胶吸水 20g，由此可以根据床体积而估算出葡聚糖凝胶干粉的用量。交联葡聚糖凝胶的种类有 G-10、G-15、G-25、G-50、G-75、G-100、G-150 和 G-200，G25、G50 有四种颗粒型号，粗（100～300μm）、中（50～150μm）、细（20～80μm）和超细（10～40μm），G75～G200 有两种颗粒型号，中（40～120μm）、超细（10～40μm）。颗粒越细，流速越慢，分离效果越好。

4. 凝胶柱的选择　凝胶柱大小主要是根据样品量的多少及对分辨率的要求来进行选择。凝胶柱的长度对分辨率影响较大，长的凝胶柱分辨率要比短的高，但凝胶柱长度不能过长，否则会引起柱子不均一、流速过慢等，一般柱长度不超过 100cm。为得到高分辨率，可以将柱子串联使用。凝胶柱的直径和长度比一般在 1∶100～1∶25。用于分组分离的凝胶柱，如脱盐柱由于对分辨率要求较低，故一般比较短。凝胶柱填装后用肉眼观察应均匀、无纹路、无气泡。另外采用一种有色的物质,如蓝色葡聚糖-2000、血红蛋白等上柱,观察有色区带在柱中的洗脱行为以检测凝胶柱的均匀程度。如果色带狭窄、平整、均匀下降,则表明柱中的凝胶填装情况较好,可以使用;若色带弥散、歪曲,则需重新装柱。

5. 洗脱液的选择 由于凝胶过滤的分离原理是分子筛作用,在凝胶过滤中流动相只起运载作用,一般不依赖于流动相性质和组成的改变来提高分辨率。改变洗脱液的主要目的是消除组分与固定相的吸附等相互作用,所以凝胶过滤洗脱液的选择不那么严格。由于凝胶过滤的分离原理简单及凝胶稳定工作的 pH 范围较广,所以洗脱液的选择主要取决于待分离样品,一般来说只要能溶解被洗脱物质并不使其变性的缓冲液都可以用于凝胶过滤。为了防止凝胶可能有吸附作用,一般洗脱液都含有一定浓度的盐。

6. 上样量 上样应快速、均匀,上样量对实验结果可造成较大的影响,加样过多,会造成洗脱峰的重叠,影响分离效果;加样过少,提纯后各组分量少、浓度较低,实验效率低。上样量的多少要根据具体的实验要求而定,凝胶柱较大,上样量就可以较大;样品中各组分分子量差异较大,上样量也可以较大;一般分级分离时加样体积为凝胶柱床体积的 1%~5%,而分组分离时加样体积可以较大,一般为凝胶柱床体积的 10%~25%。如果有条件可先以较小的上样量进行分析,根据洗脱峰的情况来选择合适的上样量。从洗脱峰上看,如果待分离的各个组分的洗脱峰分得很开,为了提高效率,可以适当增加上样量;如果各个组分的洗脱峰没有完全分开或有部分重叠,则需要控制上样量。另外,上样前应将样品中的不溶物去除,以免污染凝胶柱。样品的黏度不能过大,否则会影响分离效果。

7. 洗脱速度 洗脱速度也会影响凝胶过滤的分离效果,一般洗脱速度要恒定而且合适。保持洗脱速度恒定通常有两种方法,一种是使用恒流泵,另一种是恒压重力洗脱。洗脱速度取决于很多因素,包括柱长、凝胶种类、颗粒大小等,洗脱速度慢可使样品与凝胶基质充分平衡,分离效果好,但洗脱速度过慢会造成样品扩散加剧、区带变宽,反而会降低分辨率,而且实验时间会大大延长。所以实验中应根据实际情况来选择合适的洗脱速度,可以通过预实验进行摸索。市售的凝胶一般会提供一个参考流速。

总之,凝胶过滤的各种条件,包括凝胶类型、层析柱大小、洗脱液、上样量、洗脱速度等等,都要根据具体的实验要求来选择。如果样品中各个组分差异较小,则要求凝胶过滤要有较高的分辨率,提高分辨率应考虑以下因素:选择包括各个待分离组分但分离范围尽量小一些的凝胶,选择颗粒小的凝胶,选择分辨率高的凝胶类型,选择柱长较长、直径较大的层析柱,减少加样量,降低洗脱速度等等。但正如前面讲过的,各种选择都有一个限度的问题,超过这个限度可能会产生相反的效果。另外需要提及的是,实验时应尽可能参考相关实验和文献及进行预实验,以选择最合适的实验条件。

【学生目标考核】

对于凝胶过滤层析的理论学习，学生普遍感到抽象、难理解。通过本次实验，可以让学生在掌握葡聚糖凝胶的特性及凝胶层析原理的同时，在实验的过程中变抽象为直观，变难懂为易懂，学生可以亲眼观察到凝胶的选择和层柱大小、长短的不同均会对实验结果产生影响。

实验操作中，装柱过程是对学生灵活性的一次考验，凝胶应该一次性倒入层析柱中，不可分几次倒，否则柱效和对称性都很难合格。装柱后可平衡凝胶床过夜，使用前要检查层析床是否均匀，有无"纹路"或气泡，或加一些有色物质来观察色带的移动，如色带狭窄、均匀平整说明层析柱的性能良好，色带歪曲、散乱、变宽时必须重新装柱。

样品收集也是对学生耐性的锻炼，无论是每分钟 1 管，还是每 5 滴 1 管，在整个过程中都不能马虎大意，错过关键的一滴，最后的洗脱峰就会产生误差。

（侯 敢）

实验 14　SDS-聚丙烯酰胺凝胶电泳（PAGE）分离蛋白质

【实验目的】

1. 学习 SDS-PAGE 分离蛋白质的原理。

2. 熟悉垂直板电泳的操作方法。

【实验原理】

电泳（electrophoresis）是指带电粒子在电场中向与其自身所带电荷相反的电极方向移动的现象。影响电泳效果的因素主要有：带电颗粒的大小、形状、电荷数；支持物筛孔大小；溶液的 pH、离子强度；电场强度等。

聚丙烯酰胺凝胶电泳（polyacrylamide gel electrophoresis，PAGE），是由丙烯酰胺（简称 Acr）和交联剂 N, N′-亚甲基双丙烯酰胺（简称 Bis）在催化剂的作用下，聚合交联而成的具有网状立体结构的凝胶，并以此为支持物进行电泳，普遍运用于分离蛋白质及较小分子的核酸。其基本方式有两种：圆盘电泳（disc-electrophoresis）和垂直板电泳（slab-electrophoresis）。不论圆盘电泳或平板电泳都有连续和不连续电泳之分。电泳在电极缓冲液、凝胶缓冲液、凝胶孔径一致的体系中进行，称为连续 PAGE；电泳在电极缓冲液、凝胶缓冲液 pH 不同、凝胶孔径不同的体系中进行，称为不连续 PAGE。不连续 PAGE 分离中包括三种物理效应，即样品的浓缩效应、电泳分离的电荷效应和分子筛效应。而连续 PAGE 则不具备浓缩效应。本实验介绍不连续聚丙烯酰胺凝胶垂直板电泳。

一个蛋白质混合样品经过 PAGE 以后能按其电泳迁移率的不同而彼此分开，这是由于各组分所带电荷的差异（电荷效应）和分子大小不同之故。要利用 PAGE 测定蛋白质分子量，必须将电荷效应所引起的差异消除或减小到可以忽略不计的程度，那么蛋白质在凝胶上的泳动速率则完全取决于分子量。SDS 是一种阴离子表面活性剂，能破坏蛋白质分子间及与其他物质分子之间的非共价键，使蛋白质变性而改变原有的空间结构。SDS 能按一定的比例与蛋白质分子结合成带负电荷复合物，其负电荷远远超过了蛋白质原有的负电荷，因而消除或掩盖了不同种类蛋白质间原有的电荷差异，不同的蛋白质-SDS 复合物都带有相同数量的负电荷，且具有相同的构象，它们的电泳迁移率不再受原有电荷和形状的影响，而只与分子量的大小有关。因此，利用 SDS-PAGE 可以较准确测定蛋白质分子量大小。

本实验可选用实验 20 获得的含有重组质粒的大肠埃希菌 DH5α 工程菌为实验材料，也可选用实验 23 采用 IPTG 诱导表达得到的蛋白质样品，还可选用其他细胞或组织作为样品，通过 SDS-PAGE 了解其中所含蛋白质组分的分子量分布状况。

【实验器材】

主要仪器：国产或进口垂直板电泳槽。

【实验试剂】

1. 30%凝胶贮存液　29.2g 丙烯酰胺（Acr）和 0.8g N，N′-亚甲基双丙烯酰胺（Bis）溶于热水中，定容至 100mL，过滤后放入棕色瓶中，置于 4℃冰箱中保存。

2. 4×分离胶缓冲液（含 1.5mol/L Tris，10% SDS，pH8.8）　称取 Tris 18.18g，SDS 10g，加蒸馏水 80mL 溶解，用浓盐酸调 pH 至 8.8 后，加蒸馏水定容至 100mL，放入棕色瓶中，置于 4℃冰箱中保存。

3. 4×浓缩胶缓冲液（含 1.0mol/L Tris，10% SDS，pH6.8）　称取 Tris 12.11g，SDS 10g，加蒸馏水 80mL 溶解，用浓盐酸调 pH 至 6.8 后，加蒸馏水定容至 100mL，放入棕色瓶中，置于4℃冰箱中保存。

4. 10×电泳缓冲液（pH8.3）　称取甘氨酸 94g，Tris 15.2g，SDS 5g 加适量水溶解（可适当加热），用蒸馏水定容至 500mL，置于 4℃冰箱中保存。临用时用蒸馏水稀释 10 倍成为工作液。

5. 10%过硫酸铵　为催化剂，称取过硫酸铵 0.5g，加蒸馏水 5mL。宜临用前配制，若于4℃冰箱中存放，最长不超过 1 周。

6. 四甲基乙二胺（TEMED）　为加速剂。试剂公司购买原包装液，存于4℃冰箱中备用。

7. 2×蛋白电泳上样缓冲液　其中含 62.5mmol/L Tris，2%SDS（W/V），5%β-巯基乙醇（V/V），10%甘油（V/V），0.02%溴酚蓝（W/V）。SDS 的作用是消除各蛋白质组分荷径比差异；巯基乙醇的作用是破坏二硫键，使通过二硫键连接的各亚基彼此分离；10%甘油的作用是增加样品密度便于点样；0.02%溴酚蓝可指示样品电泳移动的大致位置。

8. 苯甲基磺酰氯（PMSF）　分子量 174.2。称取 17.4mg 的 PMSF，用 1mL

异丙醇溶解。浓度即为 100mmol/L，此为 500 倍的贮存液，以–20℃保存。本试剂的主要作用是抑制蛋白酶对蛋白质的降解作用。

9. 溶菌酶　配制成浓度为 10g/L 的溶液。

10. 染色液　称取 5g 考马斯亮蓝 R-250，加入甲醇 90mL 溶解，再加入冰醋酸 20mL，混匀，加水补足至 200mL。

11. 洗脱液　取冰醋酸 30mL，甲醇 125mL，用蒸馏水定容至 500mL。

12. 蛋白质分子量标准　试剂公司购买。

13. 大肠埃希菌 DH5α　是 DNA 扩增实验中常用的工程菌，可以从各细胞库购买保存。

【实验步骤】

1. 灌胶　按说明书安装好垂直板电泳槽。临用前分别按表 2-21 配制分离胶及浓缩胶进行灌制。

表 2-21　分离胶及浓缩胶的配制

试剂（mL）	分离胶（12%）	浓缩胶（3%）
30%凝胶贮存液	4.0	0.5
分离胶缓冲液（pH8.8）	2.5	—
浓缩胶缓冲液（pH6.8）	—	1.25
蒸馏水	3.45	3.2
10%过硫酸铵	0.05	0.025
TEMED	0.005	0.001

注：①Acr 和 Bis 是神经毒剂，可经皮肤、呼吸道等直接吸收，操作时可戴手套保护。但凝胶聚合后毒性消失。②应在最后阶段加入催化剂和加速剂，混合后应尽快灌胶，避免胶液在灌制前凝结。

首先在两玻璃板间隙中灌注分离胶，胶面加至较矮玻璃板高度约 2/3 位置（即胶面离较矮玻璃板的上沿应比样品梳梳齿长度多约 1cm），然后小心在分离胶面上覆盖一薄层蒸馏水。加水的目的一是隔绝空气中的氧气，以利于凝胶聚合反应的进行；二是利用水层的重力作用，使玻璃板两侧边沿部分由于表面张力作用呈现弯曲的凝胶液面压至接近水平。此处覆盖上层的蒸馏水也可用 20%甘油代替。

约 30min 分离胶聚合后（此时将制胶槽对着光亮处观察，可看到分离胶和上面水层之间出现明显的折光界面），倾去上层水并用滤纸条略吸干，将浓缩胶液灌入，立即插入干净的样品梳（小心避免混入气泡），再加入浓缩胶溶液与较矮玻璃板上沿平齐。

约 30min 浓缩胶聚合后，小心拔出样品梳，加入电泳缓冲液冲洗每个样品孔 2~3 次，将凝胶板装到电泳槽上，内外槽加入电泳缓冲液。

2. 样品配制

（1）用接种针将保存的 DH5α 工程菌种划线接种于含氨苄西林的 LB 固体培养基上，在 37℃恒温培养箱里培养过夜或 12～16h。在生长出菌落的平板中挑取单菌落于 LB 培养基中振荡培养至 A_{595} 约 0.5，取 1mL 菌液于 1.5mL 离心管中，于 4000r/min、4℃离心 10min。沉淀用 1mL 含 0.2mmol/L PMSF 的生理盐水洗涤 1 次，离心弃上清液，将沉淀置于 –20℃冻存备用（此步骤也可由实验室技术人员提前制备成细菌沉淀）。

（2）临用前取出细菌沉淀，每管加 100μL 含 0.2mmol/L PMSF 的生理盐水和 1μL 浓度为 10g/L 的溶菌酶，混匀，室温放置 5min。加等体积的 2×蛋白电泳上样缓冲液，混匀后置于 100℃水浴煮沸 5min 待用。

3. 上样 每块凝胶选一个样品孔加蛋白质分子量标准 10μL，其余每孔取 10μL 煮沸的样品上样，用弯头吸管排除附着在玻璃板下缘的气泡。（注意：SDS 与蛋白质的结合比例最高为 1.4：1，如果要精确测定蛋白质样品的分子量大小，则上样时蛋白质含量不可过量，否则 SDS 结合量不足，会使测量结果出现较大偏差）。

4. 电泳 接通电源，进行电泳。开始用恒压 100V，当样品进入分离胶后改为恒压 200V，待溴酚蓝色带快移动至玻璃板下边缘时结束电泳。

5. 凝胶板剥离与染色 电泳结束后，撬开玻璃板，将凝胶切角做好标记后放在培养皿内，加入染色液，染色 30min。将凝胶转入含洗脱液的培养皿中，在脱色摇床上进行洗脱，换液 2～3 次。脱色完成后观察蛋白质分离的效果，拍照保存。（注意：分离出的蛋白条带如呈现"微笑"形状，是由于凝胶聚合时间过短所致；如呈现"皱眉"形状，则可能是由玻璃板底部有气泡造成的；如凝胶浓度过大，则易出现"拖尾"现象。）

【结果与分析】

本实验结果可根据实际情况，采用以下方式处理。

1. 干胶 将凝胶用特制薄膜包好，平铺赶出气泡后在凝胶干燥仪上 80℃真空干燥 2h，以永久保存凝胶。

2. 蛋白质分子量的确定 测量凝胶照片或干胶的蛋白质标准带和有关蛋白带迁移的位置，以相对迁移率为横坐标，分子量的对数为纵坐标作图的标准曲线，根据待测样品的相对迁移率从曲线上查出其分子量。

3. 各蛋白带相对量的确定 用 BandScan 软件可分析扫描的凝胶照片，根据各区带所占区域的宽窄及颜色的深浅，可以确定各蛋白质占总蛋白质的百分含量。

有许多蛋白质，是由多个亚基（如血红蛋白、胰凝乳蛋白酶）组成的，它们在 SDS 和巯基乙醇的作用下，解离成游离单条肽链。因此，对于这一类蛋白质，SDS-PAGE 测定的只是它们的游离亚基或单条肽链的分子量，而不是完整分子的分子量。为了得到更全面的资料，还必须用其他方法测定其分子中肽链的数目及分子量等，与 SDS-PAGE 的结果相互参照。

不是所有的蛋白质都能用 SDS-PAGE 测定其分子量，已发现电荷异常或构象异常的蛋白质，带有较大辅基的蛋白质（如某些糖蛋白）及一些结构蛋白（如胶原蛋白等）用这种方法测定出的分子量是不可靠的。如组蛋白 F_1，它本身带有大量正电荷，尽管结合了正常量的 SDS，仍不能完全掩盖其原有电荷的影响。它的分子量是 21 000，但 SDS-PAGE 测定的结果却是 35 000。因此，要确定某种蛋白质的分子量时，最好用多种方法互相验证，则更为可靠。

【实验应用】

1. SDS-PAGE 所需设备简单，分离时间短，既适用于小量样品的分离鉴定，也适用于较大量样品的分离制备。因此该方法可用于蛋白质和核酸等生物大分子的分离、定性及分子量测定，还可以用于核酸序列分析。

2. 电泳完成后，对目的蛋白质可以做定性和定量的检测，方法有很多，如用抗体来检测蛋白质的免疫印迹技术（immunoblotting），相对应于 DNA 的 Southern blot 和 RNA 的 Northern blot，这种方法也习惯被称为蛋白质印迹技术（Western blot），其具体原理与操作见实验 24。

【知识拓展】

SDS-PAGE 的浓缩效应及分子筛效应（附）

1. 蛋白质样品浓缩效应　在不连续电泳系统中，含有上、下槽缓冲液（Tris-Gly，pH8.3）、浓缩胶缓冲液（Tris-HCl，pH6.7）、分离胶缓冲液（Tris-HCl，pH8.9），两种凝胶的浓度及孔径也不相同。在这种条件下，缓冲系统中的 HCl 几乎全部解离成 Cl⁻，两槽中的 Gly（pI=6.0，pK_b=9.7）只有很少部分解离成 Gly 的负离子，而酸性蛋白质也可解离出负离子。这些离子在电泳时都向正极移动。Cl⁻ 速度最快，其次为蛋白质，Gly 负离子最慢。由于 Cl⁻ 很快超过蛋白离子，因此在其后面形成一个电导较低、电位梯度较陡的区域，该区电位梯度最高，这是在电泳过程中形成的电位梯度的不连续性，导致蛋白质和 Gly 离子加快移动，结果使蛋白质在进入分离胶之前，快、慢离子之间浓缩成一薄层，有利于提高电泳的分辨率。

2. 分子筛效应　蛋白质离子进入分离胶后，情况有很大变化。由于其 pH 升高（电泳进行时常超过 9.0），使 Gly 解离成负离子的效应增加；同时因凝胶的浓度升高，蛋白质的泳动受到影响，迁移率急剧下降。此两项变化，使 Gly 的移动超过蛋白质，上述的高电压梯度不复存在，蛋白质便在一个较均一的 pH 和电压梯度环境中，按其分子的大小移动。分离胶的孔径有一定的大小，对不同分子量的蛋白质来说，通过时受到的阻滞程度不同，即使净电荷相等的颗粒，也会由于这种分子筛的效应，把不同大小的蛋白质相互分开。

聚丙烯酰胺凝胶的机械性能、弹性、透明度和黏着度取决于凝胶的总浓度，总浓度越大，平均孔径越小，凝胶的机械性能就越强。因此，根据所分离蛋白质样品分子量大小的范围，可以依照表 2-22 选择相应的总凝胶浓度进行实验。

表 2-22　总凝胶浓度与分离蛋白质样品分子量的对比

总凝胶浓度（%）	分离蛋白质样品的分子量范围（kDa）
20	5~40
15	15~45
12.5	15~60
10	18~75
7.5	30~120
5	60~212

等电聚焦（isoelectric focusing，IEF）是20世纪60年代中期问世的一种利用有pH梯度的介质分离等电点不同的蛋白质的电泳技术。在IEF的电泳中，具有pH梯度的介质其分布是从阳极到阴极，pH逐渐增大。由于蛋白质分子具有两性解离及等电点的特征，这样在碱性区域蛋白质分子带负电荷向阳极移动，直至某一pH位点时失去电荷而停止移动，此处介质的pH恰好等于停留蛋白质分子的等电点（pI）。同理，位于酸性区域的蛋白质分子带正电荷向阴极移动，直到它们在等电点上停留为止。可见在该方法中，等电点是蛋白质组分的特性量度，将等电点不同的蛋白质混合物加入有pH梯度的凝胶介质中，在电场内经过一定时间后，各组分将分别停留在与各自等电点相等的pH位置上，形成分离的蛋白质区带。由于其分辨率可达0.01pH单位，因此本法特别适合于分离分子量相近而等电点不同的蛋白质组分，也可用于临床疾病的诊断及法医学鉴定。

毛细管电泳（capillary electrophoresis，CE），又叫高效毛细管电泳（HPCE），是近年来发展最快的分析方法之一。Neuhoff等人于1973年建立了毛细管均一浓度和梯度浓度凝胶用来分析微量蛋白质的方法，即微柱胶电泳，均一浓度的凝胶是将毛细管浸入凝胶混合液中，使凝胶充满总体积的2/3左右，然后将其揿入厚约2mm的代用黏土垫上，封闭管底，用一支直径比盛凝胶的毛细管更细的硬质玻璃毛细管吸水铺在凝胶上。聚合后，除去水层并用毛细管加蛋白质溶液于凝胶上，毛细管的空隙用电极缓冲液注满，切除插入黏土部分，即可电泳。除毛细管电泳分析仪的诞生外，美国应用生物系统公司的高效电泳色谱仪为DNA片段、蛋白质及多肽等生物大分子的分离、回收提供了快速、有效的途径。高效电泳色谱法是将凝胶电泳解析度和快速液相色谱技术融为一体，在从凝胶中洗脱样品时，连续的洗脱液流载着分离好的成分，通过一个联机检测器，将结果显示并打印记录。高效电泳色谱法既具有凝胶电泳固有的高分辨率、生物相容性的优点，又可方便地连续洗脱样品。

【学生目标考核】

1. 了解各种试剂用途，以便在加入催化剂及加速剂后，更快完成灌胶操作，避免胶液在灌制前凝结。

2. 基本学会垂直板电泳中玻璃板的安装程序，会处理漏胶问题，掌握观察分离胶和浓缩胶胶面高度及聚合程度的判定方法。

3. 正确操作蛋白质电泳中样品的预处理，熟练进行加样；根据电泳过程的实际情况，调整好电泳仪的参数。

4. 通过与教师的讨论交流，学会判定电泳结果是否正常。对常见的蛋白质条带出现"笑脸"、"皱眉"、"拖尾"等现象，了解其产生的原因，并能采取一定的措施加以防范及改进。

5. 养成良好的操作习惯，如电泳加样前设计分配好加样方案并做好记录，染色前给凝胶切角标示方向，脱色后尽快拍照保存图像、移液器选择好量程并调好数值、正确按压按钮至第一和第二停留点、用完调回数值到最大量程等。

（兰柳波）

实验 15 小鼠肝组织 DNA 的提取及鉴定

【实验目的】

1. 学习从动物组织中提取 DNA 的方法。

2. 学习计算核酸样品含量的方法，学会判断核酸样品的纯度。

【实验原理】

真核细胞的 DNA 以核蛋白形式存在于细胞核中。提取质量较好的 DNA 产品，应该遵循两个基本原则：一是要将 DNA 与蛋白质、脂类、糖类和 RNA 等组分充分分离；二是在操作过程中尽量避免 DNA 断裂，保持其分子的完整性。

在各种动物组织 DNA 提取的方法中，最常用的经典方法是酚/氯仿抽提法。在 DNA 抽提过程中，加入十二烷基硫酸钠（sodium dodecyl sulphate，SDS）可破坏细胞膜、核膜，并使组织蛋白与 DNA 分子分离；加入乙二胺四乙酸（ethylenedi-amine tetraacetic acid，EDTA）可抑制脱氧核糖核酸酶（DNase）活性，减少 DNA 分子降解。释放出来的 DNA 用酚/氯仿抽提，除去蛋白质，然后用氯仿抽提除去 DNA 溶液中残存的微量酚，最后用无水乙醇使 DNA 沉淀析出，得到目的产物。

DNA 的特征吸收峰位于 260nm 处，测定出 A_{260} 数值后，利用经验公式可推算出不同形式 DNA 样品的浓度。分离提取 DNA 时主要的杂质之一是蛋白质，其特征吸收峰位于 280nm，同时测定出 DNA 样品的 A_{260} 值及 A_{280} 值，计算出 A_{260}/A_{280} 值，大致可以判定 DNA 产品的纯度。

【实验器材】

主要仪器：玻璃匀浆器或组织捣碎机（组织匀浆机）、UV-2100 型紫外-可见光分光光度计、石英比色杯。

【实验试剂】

1. 动物 清洁级小鼠。

2. TE 缓冲液（pH8.0，含 10mmol/L Tris-HCl，1mmol/L EDTA-Na$_2$）

（1）1mol/L Tris-HCl（pH8.0）溶液：称取 6.05g Tris，加蒸馏水溶解，用 1mol/L HCl 调 pH 至 8.0，定容至 50mL。

（2）0.05mol/L EDTA-Na$_2$（pH8.0）溶液：称取 1.86g EDTA-Na$_2$，加蒸馏水溶解，用 5mol/L NaOH 调 pH 至 8.0，定容至 100mL。主要作用是络合 Ca^{2+}，从而抑制 DNase 活性，起到保护 DNA 的作用。

（3）量取 1mol/L Tris-HCl（pH8.0）溶液 2mL，0.05mmol/L EDTA-Na$_2$（pH8.0）溶液 4mL，加蒸馏水定容至 200mL，高压灭菌 20min，冷却后保存于 4℃冰箱。

3. 10% SDS 称取 2g SDS，加蒸馏水溶解，定容至 100mL。

4. Tris-HCl 饱和酚（pH8.0） 购买商品化试剂。主要作用是使蛋白质变性、抑制 DNase 活性。

5. 氯仿/异戊醇（24：1，V/V） 氯仿的主要作用是加速有机相与水相分层。异戊醇的主要作用是降低在蛋白质变性过程中的表面张力，从而减少气泡产生。另外，异戊醇有助于分相。

6. 10mol/L NH$_4$AC 主要作用是中和 DNA 分子上的负电荷，减少 DNA 分子之间的同性电荷相斥力，而易于聚集沉淀。

【实验步骤】

1. 肝匀浆的制备 颈椎脱臼法处死小鼠，立即取出肝脏，用冷生理盐水洗去表面附着的血液，滤纸吸干多余水分（注意：采取必要防护措施和正确手法，防止被动物抓伤咬伤）。

（1）手工匀浆：将肝脏放入玻璃匀浆器中，稍剪碎，加入 10mL 冷 TE 缓冲液，一只手握住匀浆器套管下端，另一只手将匀浆器手柄插入套管底部后左右转动研磨十几次，提起手柄再重复研磨操作约 5min，至组织块充分研碎，得到肝组织匀浆液。

（2）机器匀浆：加入 10mL 冷 TE 缓冲液，用组织捣碎机 10 000～15 000r/min 上下研磨制备匀浆液。如采用组织匀浆机，则匀浆时间为 10 秒/次，间隔 30s，重复匀浆 3～5 次。

2. 提取 DNA

（1）取 0.2mL 匀浆液于 1.5mL 离心管中，加入 10% SDS 溶液 0.2mL，颠倒混匀后，室温放置 5min，溶液变黏稠（注意：操作中动作过大可使 DNA 断裂，故本实验中 DNA 抽提过程不宜使用涡旋振荡器进行混匀）。

（2）取饱和酚 0.25mL，氯仿/异戊醇 0.25mL，加入上述溶液中，颠倒混匀，室温放置 5min（其间不断摇动离心管以保持溶液呈乳状），于 12 000r/min、4℃离心 10min。

（3）取出离心管，小心吸取上层溶液到一支新的 1.5mL 离心管中，加入

0.5mL 氯仿/异戊醇，颠倒混匀，室温放置 5min，于 12 000r/min、4℃离心 5min（注意：如需得到较高纯度的 DNA 进行后续实验，可重复此步骤一次，同时加入蛋白酶 K 降解蛋白质成分）。

（4）取出离心管，小心吸取上层溶液（记住溶液体积，可分多次吸取，避免吸到沉淀部分）到一支新的 1.5mL 离心管中。加入 0.3 倍上清液体积的 10mol/L NH$_4$Ac 溶液，2.5 倍上清液体积的无水乙醇后，颠倒混匀，即可观察到纤维状 DNA 沉淀析出。于 12 000r/min、4℃离心 5min，小心倒去上层溶液，叩干，静置 5min 以使乙醇挥发。加入 1.0mL TE 缓冲液溶解 DNA［注意：如需得到较高纯度的 DNA，可在 TE 溶液中加入核糖核酸酶（RNase）降解 RNA 组分］。

3. DNA 的测定　将溶解的 DNA 样品转移到干净试管中，加入 3.0mL TE 缓冲液，混匀。以 TE 缓冲液为空白溶液调零，在紫外-可见光分光光度计上分别测定 DNA 溶液的 A_{260} 值和 A_{280} 值。

【结果与分析】

本实验提取的 DNA 浓度及组成见表 2-23。

表 2-23　本实验提取的 DNA 浓度及组成

	测定数值及结果
A_{260} 值	
A_{280} 值	
提取到的 DNA 含量（μg/mL）	
A_{260}/A_{280}	
DNA 的纯度判断	

1. DNA 含量的计算　利用经验数值，当比色杯的厚度为 1cm 时，测定样品的 A_{260}=1.0 时，其中所含的 DNA 相当于 50μg/mL（双链 DNA）、40μg/mL（单链 DNA 或 RNA）、20μg/mL（寡核苷酸）。

本实验中 DNA 含量的计算公式：

DNA 浓度（μg/mL）=A_{260}×经验数值×稀释倍数

2. DNA 纯度判断　样品组成的判定：利用 A_{260}/A_{280} 值，可大致判定样品纯度。DNA 纯品：A_{260}/A_{280}=1.8；RNA 纯品：A_{260}/A_{280}=2.0

【实验应用】

DNA 的提取是分子生物学研究的基础技术，分离出高纯度且结构完整的 DNA 是进行基因工程各项研究所必需的条件。目前广泛应用于亲子鉴定、法医鉴定及疾病检测等实践中。另外在基因工程研究中，常常需要提取分离基因组 DNA，如用于构建基因组文库、Southern 杂交及 PCR 扩增基因等。因取材不同，得到的 DNA 产量及质量均不同，如果分离出的 DNA 中含有酚类和多糖类物质，会影响酶切和 PCR 的效果。所以获得基因组 DNA 后，均须检测 DNA 的产量和质量。

【方法评价】

1. 酚/氯仿抽提法、异丙醇沉淀法及甲酰胺裂解法是提取 DNA 最为经典的方法。目前很多改进的方法都是在此基础上进行的。这三种方法均利用了蛋白酶 K 和十二烷基硫酸钠（SDS）消化破碎细胞的原理，前两种方法中裂解液先用酚/氯仿去除蛋白质，再分别用乙醇或异丙醇沉淀 DNA；甲酰胺法是利用高浓度的甲酰胺解聚蛋白质与 DNA 的结合，然后利用透析来处理 DNA 样品。酚/氯仿抽提法由于无需昂贵的仪器和试剂，提取的 DNA 纯度能够满足一般分子生物学研究的需要，一直作为基因组 DNA 提取的常规方法。但这种方法操作步骤复杂，耗时长，易交叉污染，残留在 DNA 溶液中的有机物质对 DNA 聚合酶有抑制作用；另外，酚、氯仿等有机溶剂易造成环境污染，有损操作者健康，因此使该方法的应用受到一定的局限性。

2. 近年来出现了以螯合树脂、特异性 DNA 吸附膜、离子交换纯化柱及磁珠或玻璃粉吸附等为基础的 DNA 提取新方法。这些方法主要应用于提取病毒、其他微生物、人和动物细胞、包埋组织样品、古生物标本及土壤环境样品 DNA。目前国内外开发了多种商品化的 DNA 提取纯化试剂盒，其分离原理有的是利用核酸的分子量差异，有的是利用特异性膜与 DNA 结合达到分离、回收的目的，如离子交换柱、磁珠等。这些试剂盒针对不同的材料来源设计了不同的提取方法，操作简单、高效，提取的 DNA 质量较高，但价格昂贵，提取量少，使用者可以按需选择。新开发的 DNA 试剂盒已经不再局限于单纯的提取纯化。有些厂家推出了 DNA 提取—扩增 PCR 试剂盒，将 DNA 提取和 PCR 扩增结合起来，极大地提高了工作效率。还有些厂家研发了新型 DNA 提取设备，如高通量组织细胞研磨仪，可在常温和冷冻条件下对各种性状的材料进行研磨破碎，每次处理样品的个数可以多达上百个。

【知识拓展】

在分子生物学研究中，DNA 的序列分析是进一步研究和改造目的基因的基础。测序技术最早是 Sanger 等于 1977 年发明的双脱氧链末端终止法和 Maxam 和 Gilbert 于 1977 年发明的化学降解法，这也是目前所称的第一代测序技术。基本原理都是根据核苷酸在某一固定的点开始，随机在某一个特定的碱基处终止，产生 A、T、C、G 四组不同长度的一系列核苷酸，然后进行尿素变性的 PAGE 检测，从而获得 DNA 序列。

第二代测序技术是焦磷酸测序法，即由 4 种酶催化的同一反应体系中的酶级联化学发光反应，适于对已知的短序列基因的测序分析。

DNA 测序在个人医疗、精确搜查罪犯、超高速检验病毒等领域起着巨大的作用，然而目前的两代测序方法，测序序列都是在荧光或者化学发光物质的协助下，通过读取 DNA 聚合酶或 DNA 连接酶将碱基连接到 DNA 链上的过程中释放出的光学信号而间接确定的，除需要昂贵的光学监测系统以外，还要记录、存储并分析大量的光学图像，这都使仪器的复杂性和成本增加，依赖生物化学反应读取碱基序列更增加了试剂、耗材的使用。

要获得更加迅速、高精度的检验，就需要开发超高速低成本的 DNA 测序方法，第三代测序技术应运而生，其基本原理是在纳米孔中配置纳米电极，通过测量电信号实现对单条 DNA 分子的测序。纳米孔技术不需要荧光标记物标记不需要进行扩增，能直接并快速"读"出 DNA，同时足够廉价，使进行大量重复实验成为可能。目前一些公司已经研发出包含几百个纳米孔的芯片，可以用在一台机器上，快速且廉价地给大量 DNA 进行排序。比如 Complete Genomics 公司就公布了三个利用这一技术完成的基因组测序，测序的基本技术步骤包括：①样品准备和文库构建；②DNA 芯片分析；③成像、组装和分析；④复合探针—锚定分子连接（combinatorial probe-anchor ligation，cPAL）。

下一代 DNA 测序技术也许能获得飞跃性的发展，改变电极间距离从纳米至微米的变化，可对病毒及过敏原等各种尺寸的分子粒子进行超高感度、超高速度检测。当前第三代基因测序技术竞争很激烈。中科院北京基因组研究所是国内权威的基因组学研究机构，他们已和浪潮集团成立了"中科院北京基因组研究所——浪潮基因组科学联合实验室"，该实验室已研发国产第三代基因测序仪 GenoCare，于 2017 年 9 月投入生产。

A_{260} 值和 A_{280} 值在一定程度上分别可以反映样品里核酸及蛋白质的含量，请思考下列问题。

1. 要达到相同的 A_{260} 值，需要的双链 DNA、单链 DNA 或 RNA、寡核苷酸的量依次递减，请分析是何原因？

2. 假设某同学分离得到的 DNA 样品，其 A_{260}/A_{280} 值恰好为 1.8，是否可以判断是纯品 DNA？理由何在？

【学生目标考核】

1. 规范实验动物的处理方法，通过教师讲解和示范操作，学会小鼠的处死、解剖取肝脏的操作，保持动物处置过程安静有序的课堂环境，防止被动物抓伤咬伤。

2. 匀浆是破碎裂解组织细胞释放活性分子的过程，应迅速在低温下完成，保证生物样品的活性及裂解释放的彻底性。

3. 认识到生物活性分子对外界机械作用力的敏感性和耐受度，区分在破碎裂解组织细胞和分离提取生物活性分子两过程中振摇力度和方式的变化。

4. 按实验的后续需求，适时加入蛋白酶 K 及 RNase 降解相应的杂质组分。

5. 结合本次实验测定结果，加深对两种生物大分子紫外吸收值的灵活运用。

（兰柳波）

实验 16　TRIzol 试剂法提取总 RNA

【实验目的】

1. 掌握 TRIzol 试剂法提取组织、细胞 RNA 的基本原理和步骤。

2. 熟悉避免 RNA 酶污染的各项方法和措施。

3. 了解 RNA 浓度和纯度计算的原理和方法及 poly（A）+RNA 提取的原理和方法。

【实验原理】

RNA 的提取原理：通过变性剂破碎细胞或者组织，然后经过氯仿等有机溶剂抽提 RNA，样品分成水样层和有机层，RNA 存在于水样层中。收集水样层后，通过异丙醇沉淀 RNA，再经过洗涤、晾干、最后溶解等步骤即得到相对较纯的 RNA。

TRIzol 是一种新型总 RNA 抽提试剂，含有苯酚、异硫氰酸胍、8-羟基喹啉、β-巯基乙醇等物质。细胞内的 RNA 多与蛋白质结合在一起，核蛋白是其主要的形式，苯酚能裂解细胞，使细胞中的核蛋白解聚；异硫氰酸胍属于解偶剂，是一类强力的蛋白质变性剂，可溶解蛋白质，并使蛋白质二级结构消失，细胞结构降解，核蛋白迅速与核酸分离；β-巯基乙醇主要破坏蛋白质中的二硫键，抑制核糖核酸酶（RNase）活性；8-羟基喹啉与氯仿联合使用可增强对 RNase 的抑制。TRIzol 试剂能快速破碎细胞并抑制细胞释放出的 RNase，并能较好地保持 RNA 的完整性，适用于从人类、动物、植物、微生物的组织或培养细胞中快速分离 RNA，对纯化 RNA 及标准化 RNA 的生产十分有用。

RNA 制备的关键是获得全长的 RNA，避免提取过程中的降解；最主要的影响因素是 RNase 的污染。RNase 不需要辅助因子，是一类生物活性极其稳定的酶类，能耐高温、耐酸、耐碱，高压灭菌处理也不能使其完全失活。RNA 样品中只要存在少量 RNase 就会引起 RNA 的降解，从而影响后续实验。RNase 存在广泛，内源性的 RNase 存在于各种组织和细胞内部，外源性的 RNase 存在于操作人员的手汗、唾液、水，甚至空气的灰尘当中，以及这些外源性 RNase 污染提取过程中的各类试剂、枪头、离心管、电泳槽等。

【实验器材】

主要仪器：高速冷冻离心机、−80℃冰箱、通风橱、核酸蛋白检测仪。

【实验试剂】

1. TRIzol 试剂

2. 氯仿　其作用是与酚一起作用，使蛋白质变性；氯仿还可以抽提水相中残留的酚，减少 RNA 的损失。

3. 异丙醇　主要作用是沉淀核酸，尤其是在多糖及蛋白质含量高时，用异丙醇沉淀可以部分克服多糖及蛋白质的污染，在多糖及蛋白质含量不高时也可以选用乙醇代替。

4. 焦碳酸二乙酯（diethypyrocarbonate，DEPC） DEPC 是很强的 RNase 抑制剂，可以使 RNase 的活性丧失。实验中使用的枪头、离心管、溶液都要用含有 0.1%DEPC 水处理。

5. 75%乙醇（DEPC 水配制） 主要作用是洗涤 RNA 沉淀中的盐分。

6. 无 RNase 水 0.1% DEPC 水，37℃孵育过夜后高压灭菌。

【实验步骤】

1. 防止 RNase 污染的准备

（1）实验室中尽可能辟出专门的 RNA 操作区，操作区应保持清洁，并定期进行除菌。离心机、微量移液器、试剂等最好能做到专用。

（2）操作过程中要始终戴一次性橡胶手套、帽子和口罩，并经常更换，尽可能避免说话，防止唾液和手臂上的细菌、真菌、人体自身分泌物造成 RNase 污染。

（3）所有玻璃器皿均应在使用前于 180℃的高温下干烤 6h 或更长时间。

（4）配制溶液和提取过程中用的乙醇、异丙醇、Tris 等尽可能采用未开封的新瓶装试剂或专瓶专用。

（5）塑料制品（如 Tips、离心管等）要用 0.1%DEPC 水浸泡过夜，然后高压消毒，烘干后才使用，而且应是一次性的，避免交叉污染。有条件的最好使用厂家供应的出厂前已经灭菌的无 RNase tips 和离心管，买来后可直接用于 RNA 操作。

（6）无法用 DEPC 处理的用具可用氯仿擦拭若干次，这样通常可以消除 RNase 的活性。

（7）提取过程中涉及的溶液应尽可能用 0.1%DEPC 在 37℃处理 12h 以上。然后高压灭菌除去残留的 DEPC。不能高压灭菌的试剂，应当用 DEPC 处理过的超纯水配制，然后经 0.22μm 滤膜过滤除菌。

（8）有机玻璃的电泳槽，可先用 0.5% SDS 洗涤，再用蒸馏水冲洗，乙醇干燥，再浸泡在 3% H_2O_2 室温 10min，然后用 0.1% DEPC 水冲洗，晾干。

2. 提取样品的处理

（1）培养细胞：贴壁细胞去除培养液，直接加入 TRIzol 试剂（按 $10cm^2$ 即 3.5cm 直径的培养皿加 1mL）；悬浮培养的细胞，先收集细胞，每 $5×10^6$～$10×10^6$ 细胞加入 1mL TRIzol 试剂。用移液器反复吹打几次，有时一些酵母和细菌细胞需用匀浆器处理使细胞充分裂解。全血样品需先分离淋巴细胞，然后加入 TRIzol 试剂裂解细胞，室温（15～30℃）放置 5min。

（2）组织样品：先将组织在液氮中磨碎，每 50～100mg 组织加入 1mLTRIzol，样品体积不应超过 TRIzol 体积的 10%，用匀浆仪进行匀浆处理，室温（15～30℃）放置 5min。

3. 每使用 1mL TRIzol 试剂加入 0.2mL 氯仿，剧烈振荡 15s，室温放置 3min。

4. 4℃ 12 000×g 离心 15min，RNA 主要在上层水相中，体积约为所用 TRIzol 试剂的 60%。转移水相至新的无 RNase 离心管中。

5. 加入 0.5mL 异丙醇，轻轻混匀，室温静置 10min。

6. 4℃ 12 000×g 离心 10min，弃上清液。

7. 加入 1mL 75%乙醇，轻轻洗涤 RNA 沉淀，4℃ 12 000×g 离心 5min，弃上清液。

8. 室温晾干或真空干燥，干燥 5~10min 即可。

9. 加入 20~100μL 无 RNase 水溶解 RNA（必要时可 65℃放置 10min 促溶解），-70℃保存。

【注意事项】

1. DEPC 是一种具有致癌嫌疑的有机物，涉及 DEPC 的操作要在通风橱中完成。DEPC 对 RNA 或单链 DNA 具有破坏作用，用 DEPC 处理过的溶液和物品都要经过高温灭活处理后才可以使用（DEPC 会分解成水和 CO_2）。所有沾染 DEPC 的液体或物品在使用和遗弃前要高温灭活处理。

2. 操作过程要严格控制 RNase 的污染，尽量做到防污染的措施。

3. TRIzol 加量不足可能导致提取的 RNA 有 DNA 污染。加 TRIzol 之前通常不需要洗涤细胞以防止 RNA 特别是 mRNA 的降解。

4. 糖原能促进 RNA 沉淀。RNA 量较少的样品匀浆，加入适量无 RNase 的糖原，后者能与 RNA 一同沉淀出来，糖原浓度不高于 4mg/mL 不影响第一链的合成，也不影响 PCR 反应。

5. 提取的总 RNA 最好立即用于下游实验（如逆转录），置于-80℃冰箱中保存也应在数天内尽快使用，时间长了容易降解。RNA 沉淀可以保存于 75%乙醇中 2~8℃一周以上，或-20℃一年以上。

6. 血液抽取后应在 4h 内提取 RNA，冻存的血液 RNA 大部分丢失，不能用于提取。不能及时提取的样本，可先用淋巴细胞分离液分离获得细胞后（包括其他的细胞、组织），保存在液氮或 RNA 保存液中。

【结果与分析】

1. 结果计算 总 RNA 定量，RNA 在 260nm 波长处有最大的吸收峰，可以通过测定 RNA 样品在 260nm 波长的光吸收值（A_{260} 值），计算出样品的浓度。

A_{260} 值为 1 相当于约 40μg/mL 的单链 RNA，即

RNA（mg/mL）=40×A_{260} 值×稀释倍数（n）/1000

2. 纯度判断 RNA 纯品 A_{260}/A_{280} 值为 2.0，比值太高提示 RNA 存在降解，低于 2.0 说明有残余蛋白质存在。

测定 RNA 的浓度和纯度可在核酸蛋白检测仪上自动完成，用 RNA 溶解的无 RNase 水为空白对照，仅需上样 1μL 自动完成测定和计算，直接得到浓度和 A_{260}/A_{280} 值。

3. 结果分析

（1）RNA 得率低：样品裂解或匀浆处理不彻底；RNA 沉淀未完全溶解。

（2）A_{260}/A_{280} 值<1.65：样品匀浆时加的试剂量太少；匀浆样品时未在室温放置 5min 导致裂解不充分；吸取水相时混入了有机相；RNA 沉淀未完全溶解；检测吸光度时，RNA 样品没有溶于水，而溶于了 TE 中，低离子浓度和低 pH 条件下 A_{280} 值偏高。

（3）RNA 降解：组织取出后没有马上处理或冷冻；待提取 RNA 的样品没有保存于–70～–60℃或液氮中，而保存在了–20～–5℃；细胞在用胰酶处理时过度；溶液或离心管未经 RNase 去除处理。

（4）DNA 污染：样品匀浆时加的试剂量太少；样品中含有有机溶剂（如乙醇、DMSO 等），强缓冲液或碱性溶液。

【方法评价】

常用的 RNA 提取方法除了 TRIzol 试剂法外，还有硫氰酸胍/酚法、酚/SDS 法、盐酸胍法、硫氰酸胍法等。与其他方法相比，TRIzol 试剂法操作步骤少、简单、快速、分离效果好。此外，本方法还有个显著特点是多组分分离作用，可同时分离一个样品的 RNA、DNA 和蛋白质。TRIzol 使样品匀浆化、细胞裂解，溶解细胞内含物，同时因含有 RNase 抑制剂可保持 RNA 的完整性。在加入氯仿离心后，溶液分为水相和有机相，RNA 在水相中。取出水相用异丙醇沉淀可回收 RNA，用乙醇沉淀中间层可回收 DNA，用异丙醇沉淀有机相则可回收蛋白质。

【实验应用】

本方法提取的 RNA 可直接用于 RT-PCR、Northern 杂交、斑点杂交、poly（A）+分离、体外翻译、RNase 保护分析和其他分子克隆操作，是目前实验室中提取 RNA 的主要的方法。

【知识拓展】

1. 地衣酚法测定 RNA 含量　除了紫外吸收法及定磷法外，RNA 含量的测定方法还有地衣酚法。其反应原理是当 RNA 与浓盐酸共热时，即发生降解，形成的核糖继而转变成糠醛，后者与 3,5-二羟甲苯-地衣酚反应，在 Fe^{3+} 或 Cu^{2+} 的催化下，生成鲜绿色的复合物，该反应产物在 670nm 处有最大光吸收峰。RNA 在 20～250μg，光吸收与 RNA 浓度成正比。地衣酚反应特异性较差，凡是戊糖均有此反应，DNA 和其他杂质也能出现类似的颜色从而出现误差。

2. poly（A）+RNA 提取　由于 mRNA 末端含有 poly（A）尾，当总 RNA 流经 oligo dT 纤维素时，在高盐缓冲液的作用下，mRNA 被特异地吸附在 oligo dT 纤维素柱上，在低盐浓度或蒸馏水中 mRNA 可被洗下，经过两次 oligo dT 纤维素柱后可得到较纯的 mRNA。基本步骤如下。

（1）用 0.1mol/L NaOH 悬浮 0.5～1.0g oligo dT 纤维素。

（2）将悬浮液装入灭菌的一次性层析柱中或装入填有经 DEPC 处理并经高

压灭菌的玻璃棉的巴斯德吸管中，柱床体积为 0.5~1.0mL，用 3 倍柱床体积的灭菌水冲洗柱床。

（3）用 1×柱层析加样缓冲液冲洗柱床，直到流出液的 pH 小于 8.0。将提取的 RNA 液于 65℃温育 5min 后迅速冷却至室温，加入等体积 2×柱层析缓冲液，上样，立即用灭菌试管收集洗出液，当所有 RNA 溶液进入柱床后加入 1 倍柱床体积的 1×层析柱加样溶液。

（4）测定每一管的 A_{260} 值，当洗出液中 A_{260} 为 0 时，加入 2~3 倍柱床体积的灭菌洗脱缓冲液，以 1/3~1/2 柱床体积分管收集洗脱液。测定 A_{260} 合并含有 RNA 的洗脱组分。

（5）加入 1/10 体积的 3mol/L NaAc（pH5.2），2.5 倍体积的冰冷乙醇，混匀，−20℃存放 30min。

（6）4℃下 12 000×g 离心 15min，小心弃去上清液，用 70%乙醇洗涤沉淀，4℃ 12 000×g 离心 5min。

（7）小心弃去上清液，沉淀空气干燥 10min 或真空干燥 10min。

（8）用少量水溶解 RNA 液，即可用于 cDNA 合成（或保存在 70%乙醇中并贮存于−70℃）。

oligo dT 纤维素柱的处理：用后的 oligo dT 纤维素柱可循环使用，但需要进行洗涤处理，先用 0.3mol/L NaOH 洗净，然后用层析柱加样缓冲液平衡，并加入 0.02%叠氮钠（NaN_3）冰箱保存，重复使用。每次用前需用 NaOH 水层析柱加样缓冲液依次淋洗柱床。

（陈维春）

实验 17　逆转录（RT）技术

【实验目的】

1. 掌握逆转录技术的基本原理和操作步骤。
2. 了解逆转录技术在基因克隆、疾病诊断方面的应用。

【实验原理】

逆转录（reverse transcription，RT）在逆转录酶的作用下，以总 RNA 或纯化出的 mRNA 为模板合成互补 DNA（cDNA）的过程，合成原料是 dNTP，逆转录起始引物可以是 6 碱基随机引物（Random 6 mers）、oligo dT 或基因特异性的引物。

逆转录酶（M-MLV RTase）从莫洛尼鼠白血病病毒（moloney murine leukemia virus，M-MLV）分离出来，可用于 RNA 的逆转录合成第一链 cDNA、制作 cDNA 探针、测序和引物的延伸反应，需要镁离子或锰离子作为辅助因子。本酶是通过点突变使 RNaseH 活性缺失，所以它具有的 DNA 聚合酶的活性与野生型相同，延伸能力较强。一个活性单位定义为在 37℃、10min 条件下，使

1nmol 的脱氧核糖核酸掺入酸性沉淀物质所需的酶量。

【实验器材】

主要仪器：微量移液器、水浴箱、迷你离心机。

【实验试剂】

1. PrimeScript Ⅱ 1st cDNA 合成试剂盒　成分包括 PrimeScript Ⅱ RTase（200U/μL）、5×PrimeScript Ⅱ Buffer，RNase Inhibitor（40U/μL）、dNTP Mixture（10mmol/L each），oligo dT Primer（50μmol/L），Random 6 mers（50μmol/L），RNase free dH$_2$O。该试剂盒包含了逆转录所需要的全部试剂。

2. 基因特异性下游引物

3. 超纯水，主要是起到稀释作用。

【实验步骤】

逆转录进行 cDNA 第一链的合成。目前有多个公司出售逆转录试剂盒，基本原理相同，步骤稍有差异，现以 TaKaRa 公司的 PrimeScript Ⅱ 1st strand cDNA Synthesis Kit 为例。

1. 在 0.2mL 微量离心管中配制混合液（表 2-24）

表 2-24　混合液的配制

试剂	使用量
oligo dT 引物	1μL
或 6 碱基随机引物	0.4~2μL
dNTP 混合物	1μL
总 RNA	1~5μg
或 poly（A）$^+$ RNA	<1μg
无 RNase 蒸馏水	Up to 10μL

2. 轻轻混匀，离心，将样品沉至管底后，65℃水浴保温 5min，然后迅速冰浴冷却。以下操作在冰上进行。

3. 往上述管中配制下列逆转录反应液（表 2-25）

表 2-25　逆转录反应液的配制

试剂	使用量
上述变性后反应液	10μL
5×PrimeScript 缓冲液	4μL
RNase 抑制剂	0.5μL（20 U）
PrimeScript 逆转录酶	1μL
无 RNase 蒸馏水	5.5μL

4. 缓慢混匀，稍稍离心将样品沉至管底，按下列条件进行逆转录反应。

42℃保温 30～60min，70℃保温 15min，然后冰上冷却。

使用的是 6 碱基随机引物进行逆转录反应，则在 42℃保温前，先进行 30℃保温 10min，以使随机引物更好地与模板结合。

【注意事项】

1. 在逆转录操作中，要按照 RNA 提取的要求进行，注意所有操作不被 RNase 污染。

2. cDNA 合成时，长度在 2kb 以下 6 碱基随机引物使用量为 1～2μL，超过 2kb 则使用 0.4～1μL。

3. 逆转录的引物除了 oligo dT Primer 和 6 碱基随机引物外，还可以是基因特异性的下游引物，引物需要用无 RNase 水配制。

4. 迅速冰浴的操作一定要快，不能是温度缓慢下降，否则 RNA 可能局部复性降低逆转录的效率。

5. 逆转录的反应中对 RNA 浓度有比较高的要求，因此必需测定 RNA 浓度。只有保证 RNA 浓度在合适的范围内才能提高扩增的成功概率。

【结果与分析】

逆转录的产物 cDNA 主要用作后续 PCR 的模板，目的基因 cDNA 的丰度与基因表达水平相关，也与 RNA 提取质量及降解水平相关。需要依赖后续的 PCR 产物的检测来判断。

【方法评价】

在逆转录过程中可以使用随机引物、oligo dT 和基因特异性引物来进行，三者在使用方面各有特色，比较如下。

随机引物：适用于长的或具有发卡结构的 RNA，包括 rRNA、mRNA、tRNA 等所有 RNA 的逆转录反应。主要用于单一模板的 RT-PCR 反应。

oligo dT：适用于具有 polyA 尾巴的 RNA，由于 oligo dT 要结合到 polyA 尾巴上，所以对 RNA 样品的质量要求较高，即使有少量降解也会使全长 cDNA 的合成量大大减少。原核生物的 RNA、真核生物的 rRNA 和 tRNA 不具有 polyA 尾巴，因而不能用此引物进行逆转录。

基因特异性引物：是与模板序列互补的引物，适用于目的序列已知的情况。逆转录后的 cDNA 通常为某个特异性基因的 cDNA，仅能进行该基因的分析鉴定。

【实验应用】

逆转录是 cDNA 的合成过程，通常与 PCR 结合，即 RT-PCR 技术，该技术灵敏、特异性强，可用于检测细胞中基因的表达水平，细胞中 RNA 病毒的含量和不必构建 cDNA 文库直接克隆特定基因的 cDNA 序列。cDNA 同样可以作为定量 PCR（qPCR）的模板，进行基因表达的定量分析。逆转录过程还可以应用于 RNA 测序和双脱氧法测 DNA 序列，可以进行引物延伸及 DNA 片段

3′-末端的标记。

【知识拓展】

逆转录酶又称为 RNA 依赖的 DNA 聚合酶（RDDP），一般具有 3 种酶活性，即逆转录酶、RNase H 活性以及 DNA 指导的 DNA 聚合酶活性。逆转录酶是以 RNA 为模板催化 dNTP 聚合成 cDNA；RNase H 催化 RNA/DNA 杂化分子中从 RNA 的 5′-末端水解 RNA 分子；DNA 指导的 DNA 聚合酶是以逆转录合成的第一条 cDNA 链为模板，再合成第二条 cDNA 链。常用的逆转录酶除了 M-MLV RTase 外，还有鸟类成髓细胞白血病病毒（AMV）逆转录酶，它具有双重酶活性：①5′→3′依赖引物的聚合酶活性，以 RNA 或 DNA 作为模板合成 DNA；②3′→5′RNase H 活性，降解 RNA/DNA 杂合体中的 RNA，它需要 Mg^{2+} 或 Mn^{2+} 激活。可用于双脱氧法测定 DNA 或 RNA 的序列和以短的 RNA 为模板合成 cDNA。AMV RTase 高度灵敏，可以高效扩增低至 1ng 总 RNA 的模板。高热稳定性，适合于扩增复杂模板。

（陈维春）

实验 18　定量 PCR 技术

【实验目的】

1. 掌握定量 PCR 的原理及操作技术。

2. 了解定量 PCR 的应用。

【实验原理】

1996 年美国 Applied Biosystems 公司推出实时荧光定量 PCR（realtime fluorescence quantitative PCR，qPCR）技术，这是一种实时定量检测 PCR 模板的实验。在 PCR 反应体系中加入荧光染料或荧光标记的特异性探针，利用荧光信号实时监测整个 PCR 进程，通过标准曲线并运用相应的软件对产物进行分析，计算待测样品模板的初始浓度。

常用的检测方法有两种，包括 SYBR Green I 法和 TaqMan 探针法。SYBR Green I 法在 PCR 反应体系中加入过量 SYBR 荧光染料，SYBR 荧光染料特异性地掺入 DNA 双链后，发射荧光信号，而不掺入链中的 SYBR 染料分子不会发射任何荧光信号，荧光信号的增加与 PCR 产物的增加完全同步；TaqMan 探针法将标记有荧光素的 TaqMan 探针与模板 DNA 混合后并配对结合，探针完整时报告基团发射的荧光信号被淬灭基团吸收，PCR 扩增时 *Taq* 酶的 5′→3′外切酶活性将探针酶切降解，使报告荧光基团和淬灭荧光基团分离，发出荧光信号并被荧光监测系统接收到，即每扩增一条 DNA 链，就有一个荧光分子形成，实现了荧光信号的累积与 PCR 产物的形成完全同步。随着循环次数的增加，被扩增的目的基因片段呈指数规律增长,通过实时检测与之对应的随扩增而变化的荧光信号强度,求得循环阈值(cycle threshold,Ct),即每个反应管内的荧光信号到达设定阈值时所经历的循环数,同时利用数个已知模板浓度的标准品作对照,即可得出待测标本目的基因的拷贝数。

【实验器材】

主要仪器:Roche lightcycler 96 实时定量 PCR 仪、超净工作台、低速离心机、微量移液器、PCR 反应管、涡旋混匀器。

【实验试剂】

1. QuantiFast SYBR®Green PCR Kit(含有 SYBR®Green Ⅰ、PCR 反应 buffer、*Taq* 酶、dNTP、$MgCl_2$ 等)。

2. 目的基因扩增引物序列,包括上游引物和下游引物,如猪蛔虫 HIF-1α ASHIFA-P1 和 ASHIFA-P2(序列见表 2-26)。

3. 内参照基因扩增引物序列,包括上游引物和下游引物,如猪蛔虫 actin ASACT-P1 和 ASACT-P2(序列见表 2-26)。

表 2-26 猪蛔虫 HIF-1α 和 actin 引物序列

引物名称 Primer	序列(5'-3') Sequence
ASACT-P1	CGACGTTGCGGCTTTGGTGA
ASACT-P2	CGACGATGGACGGGAAAACAG
ASHIFA-P1	CGAGTGCCGAAACGAGTGATGAT
ASHIFA-P2	AGAGGGCGCTTTTGAGGTTGAGA

4. cDNA 模板

5. 超纯水

【实验步骤】

1. 配制 PCR 反应体系 按表 2-27 配制定量 PCR 反应体系,总量为 10μL,在冰上操作:

表 2-27 qPCR 反应体系

试剂名称	体积
SYBR premix EX *Taq* Ⅱ	5.0μL
上游和下游引物	0.5μL+0.5μL
超纯水	3μL
cDNA 模板	1μL

2. 充分混匀反应混合液,在 Roche lightcycler 96 实时定量 PCR 仪中按表

2-28 的程序进行 qPCR 反应：

表 2-28　RT-qPCR 反应条件

步骤	温度	时间	循环数
预热	95℃	30s	
第 2 步扩增	95℃	5s	
	60℃	20s	
退火	95℃	10s	
	65℃	60s	40
	97℃	1s	
冷却	37℃	30s	

3. 荧光定量溶解曲线分析　溶解曲线示意图见图 2-5，显示基因扩增为单峰，无其他杂峰表示荧光定量结果可信。

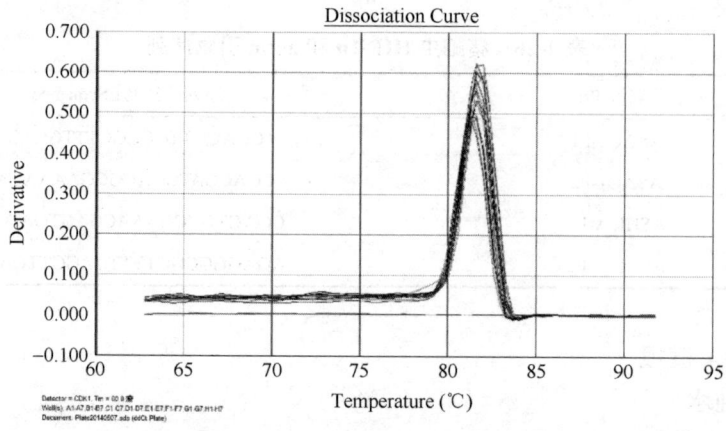

图 2-5　荧光定量 PCR 溶解曲线

4. 实时荧光定量 PCR 数据处理

qPCR 数据分析：反应结束后仪器将给出各个样品的 Ct 值，采用相对定量法进行分析实验组与对照组的相对倍数。

【注意事项】

1. 扩增反应每个样本一般设置 3 个平行管，要记清标准品、样品、空白对照等的位置，所有反应同时进行。

2. 微量移液器的使用要精确，吸嘴靠管壁加样，不能产生气泡，减少加样误差。

【结果与分析】

1. 荧光阈值（fluorescence threshold）的设定　PCR 反应的前 15 个循环的

荧光信号作为荧光本底信号，荧光阈值的缺省（默认）设置是 3～15 个循环的荧光信号的标准偏差的 10 倍，即：threshold=10×sdcycle 3～15。

2. Ct 值与起始模板的关系　每个模板的 Ct 值与该模板的起始拷贝数的对数存在线性关系，公式如下：

$$Ct = \lg N / \lg(1+Ex) - \lg X_0 / \lg(1+Ex)$$

Ct 为荧光信号刚达到荧光阈值强度对应的循环次数，X_0 为初始模板量，Ex 为扩增效率，N 为荧光扩增信号达到荧光阈值强度时扩增产物的量。

起始拷贝数越多，Ct 值越小。利用已知起始拷贝数的标准品可做出标准曲线，其中横坐标代表起始拷贝数的对数，纵坐标代表 Ct 值。因此，只要获得未知样品的 Ct 值，即可从标准曲线上计算出该样品的起始拷贝数。

【方法评价】

1. 传统定量 PCR 方法简介

（1）内参照法：在不同的 PCR 反应管中加入已定量的内标和引物，内标用基因工程方法合成。上游引物用荧光标记，下游引物不标记。在模板扩增的同时，内标也被扩增。在 PCR 产物中，由于内标与靶模板的长度不同，二者的扩增产物可用电泳或高效液相分离开来，分别测定其荧光强度，以内标为对照定量待检测模板。

（2）竞争法：选择由突变克隆产生的含有一个新内切位点的外源竞争性模板。在同一反应管中，待测样品与竞争模板用同一对引物同时扩增（其中一个引物为荧光标记）。扩增后用内切酶消化 PCR 产物，竞争性模板的产物被酶解为两个片段，而待测模板不被酶切，可通过电泳或高效液相将两种产物分开，分别测定荧光强度，根据已知模板推测未知模板的起始拷贝数。

（3）PCR-ELISA 法：利用地高辛或生物素等标记引物，扩增产物被固相板上特异的探针所结合，再加入抗地高辛或生物素酶标抗体——辣根过氧化物酶结合物，最终酶使底物显色。常规的 PCR-ELISA 法只是定性实验，若加入内标，做出标准曲线，也可实现定量检测的目的。

2. 内标在传统定量中的作用　由于传统定量方法都是终点检测，即 PCR 到达平台期后进行检测，而 PCR 经过对数期扩增到达平台期时，检测重现性极差。同一个模板在 96 孔 PCR 仪上做 96 次重复实验，所得结果有很大差异，因此无法直接从终点产物量推算出起始模板量。加入内标后，可部分消除终产物定量所造成的不准确性。但即使如此，传统的定量方法也都只能算作半定量、粗略定量的方法。

3. 内标对定量 PCR 的影响　若在待测样品中加入已知起始拷贝数的内标，则 PCR 反应变为双重 PCR，双重 PCR 反应中存在两种模板之间的干扰和竞争，尤其当两种模板的起始拷贝数相差比较大时，这种竞争会表现得更为显著。但由于待测样品的起始拷贝数是未知的，所以无法加入合适数量的已知模板作为内标。

也正是这个原因，传统定量方法虽然加入内标，但仍然只是一种半定量的方法。

【实验应用】

临床疾病诊断方面：可用于各型肝炎、获得性免疫缺陷综合征（艾滋病）、禽流感、结核、性传播疾病等传染病的诊断和疗效评价；珠蛋白生成障碍性贫血、血友病、性别发育异常、智力低下综合征、胎儿畸形等优生优育检测；肿瘤标志物及瘤基因检测实现肿瘤病诊断；遗传基因检测实现遗传病诊断。

动物疾病检测：禽流感、新城疫、口蹄疫、猪瘟等。

食品安全：食源微生物、食品过敏原、转基因、乳品企业阪崎肠杆菌等检测。

科学研究：医学、农牧、生物相关分子生物学定量研究。

应用行业：各级各类医疗机构、大学及研究所、中国疾病预防控制中心、检验检疫局、兽医站、食品企业及乳品厂等。

由于 qPCR 是实时定量检测致病病原体基因核酸，因此它比化学发光、时间分辨、蛋白芯片等免疫学方法更具独到优势。

【知识拓展】

实时荧光定量 PCR 所使用的荧光物质可分为两种：荧光探针和荧光染料。现将其原理简述如下。

1. TaqMan 荧光探针　PCR 扩增时在加入一对引物的同时加入一个特异性的荧光探针，该探针为一寡核苷酸，两端分别标记一个报告荧光基团和一个淬灭荧光基团。探针完整时，报告基团发射的荧光信号被淬灭基团吸收；PCR 扩增时，Taq 酶的 $5'\rightarrow 3'$ 外切酶活性将探针酶切降解，使报告荧光基团和淬灭荧光基团分离，从而荧光监测系统可接收到荧光信号，即每扩增一条 DNA 链，就有一个荧光分子形成，实现了荧光信号的累积与 PCR 产物形成完全同步。而新型 TaqMan-MGB 探针使该技术既可进行基因定量分析，又可分析基因突变（SNP），有望成为基因诊断和个体化用药分析的首选技术平台。

2. SYBR 荧光染料　在 PCR 反应体系中，加入过量 SYBR 荧光染料，SYBR 荧光染料非特异性地掺入 DNA 双链后，发射荧光信号，而不掺入链中的 SYBR 染料分子不会发射任何荧光信号，从而保证荧光信号的增加与 PCR 产物的增加完全同步。SYBR 仅与双链 DNA 进行结合，因此可以通过溶解曲线，确定 PCR 反应是否特异。

此外，也可以用分子信标。分子信标是一种在 $5'$ 和 $3'$ 末端自身形成一个 8 个碱基左右的发夹结构的茎环双标记寡核苷酸探针，两端的核酸序列互补配对，导致荧光基团与淬灭基团紧紧靠近，不会产生荧光。PCR 产物生成后，退火过程中，分子信标中间部分与特定 DNA 序列配对，荧光基因与淬灭基因分离产生荧光。

（陈维春）

第三章 综合提高型实验

经过第二章实验学习和训练后，相信实验者已经熟练掌握各种常用仪器的使用，具有一定的实验技能，能熟练按实验操作自如完成实验。本章实验的主要目的是：进一步提高实验技能、提高自我解决问题的能力；帮助实验者更好地理解分子生物学理论知识，熟悉相关实验操作，掌握实验技术，通过一个个具体的分子生物学实验帮助实验者克服对分子生物学的"抽象、畏难"情绪，认识到分子生物学不再神秘，可以自如驾驭。

实验 19　重组质粒的构建

【实验目的】
1. 掌握构建重组质粒的基本原理。
2. 熟悉目的片段与质粒的酶切和连接的操作步骤。

【实验原理】

重组 DNA 技术又称为 DNA 克隆或分子克隆，是指在体外将目的基因或外源 DNA 片段插入载体形成重组 DNA，导入受体细胞，筛选出含目的片段的转化子细胞，再进行扩增得到大量的同一 DNA 分子，主要包括"分、切、接、转、筛"等步骤。重组质粒的构建是将目的 DNA 片段插入质粒载体形成重组质粒的过程，在本实验中主要介绍"分、切、接"前三个环节的实验原理和操作步骤，后续的"转、筛"及重组质粒的酶切鉴定详见实验 20 至实验 22。

质粒是指细菌或低等真核细胞染色质以外的，能自主复制的小分子环状双链 DNA。作为载体的质粒往往是经过改造的，按用途分为扩增型质粒（克隆载体）和表达型质粒（表达载体）。质粒载体一般具备以下元件：①复制起始点；②多克隆位点；③筛选标记；④表达型质粒还带有表达元件。因此，需要根据不同的实验目的选择合适的质粒载体及相应的克隆策略。

重组质粒的构建需用到至少两种重要的工具酶，即限制性内切酶（restriction endonuclease，RE）和 DNA 连接酶（DNA ligase）。限制性内切酶是由细菌产生的能识别双链 DNA 分子中的特定碱基顺序，并以内切方式水解核酸中的磷酸二酯键的核酸水解酶。DNA 连接酶可催化两个 DNA 分子的 3′-羟基末端和 5′-磷酸末端形成 3′,5′-磷酸二酯键，产生一个共价的 DNA 分子，使不同来源的 DNA 分子实现任意重组。

作为综合性实验，本实验以人源 *Bcl-2* 基因和蛋白激酶 CK2β 亚基的 cDNA 序列作为目的片段，选用扩增型质粒 pBluescript Ⅱ KS（−）（2961bp）和原核表达质粒 pT7-7（2488bp）作为载体，分别构建 pBS-*Bcl-2* 重组质粒和 pTCKB 重组质粒。各校可结合自己的教学与科研情况，选择构建其中一种或两种重组质粒。

首先用 PCR 技术从人胚肾细胞系 HEK-293 细胞的 cDNA 模板中分别扩增出 *Bcl-2* 和 CK2β 的 cDNA 序列。*Bcl-2* cDNA 扩增产物为 1908bp，两端已引入 *Eco*R I 酶切位点。CK2β 亚基 cDNA 扩增产物为 672bp，5'末端和 3'末端分别引入了 *Nde* I 和 *Hind*III 酶切位点。PCR 扩增产物经琼脂糖凝胶电泳鉴定并切胶回收纯化后，与质粒载体分别用相应的限制性内切酶进行酶切。其中，*Bcl-2* 与 pBluescript II KS（-）载体分别经 *Eco*R I 单酶切后回收纯化，再通过 T4 DNA 连接酶连接形成非定向插入的 pBS-*Bcl-2* 重组质粒（图 3-1）；CK2β 与 pT7-7 载体分别经 *Nde* I 和 *Hind*III 双酶切并纯化后连接形成定向插入的 pTCKB 重组质粒（图 3-2）。连接产物须经后续的质粒转化、质粒提取与酶切分析（实验 20 至实验 22）进行筛选与初步鉴定。

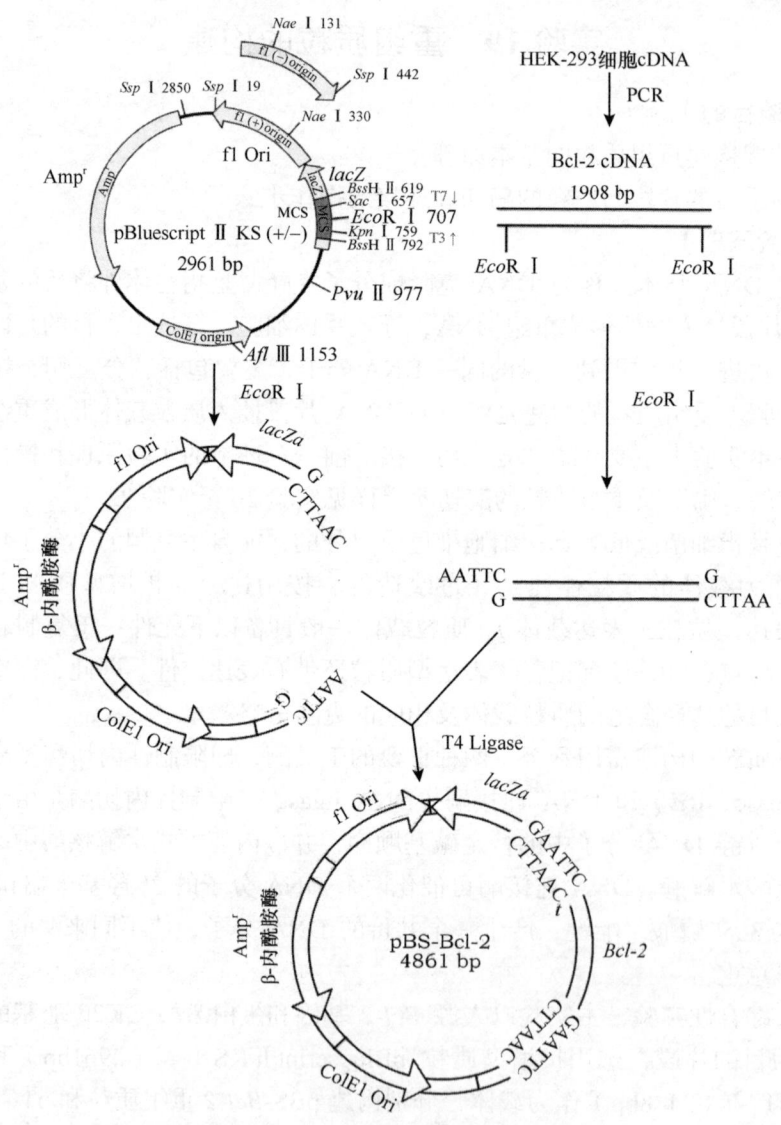

图 3-1 pBS-*Bcl-2* 重组质粒构建

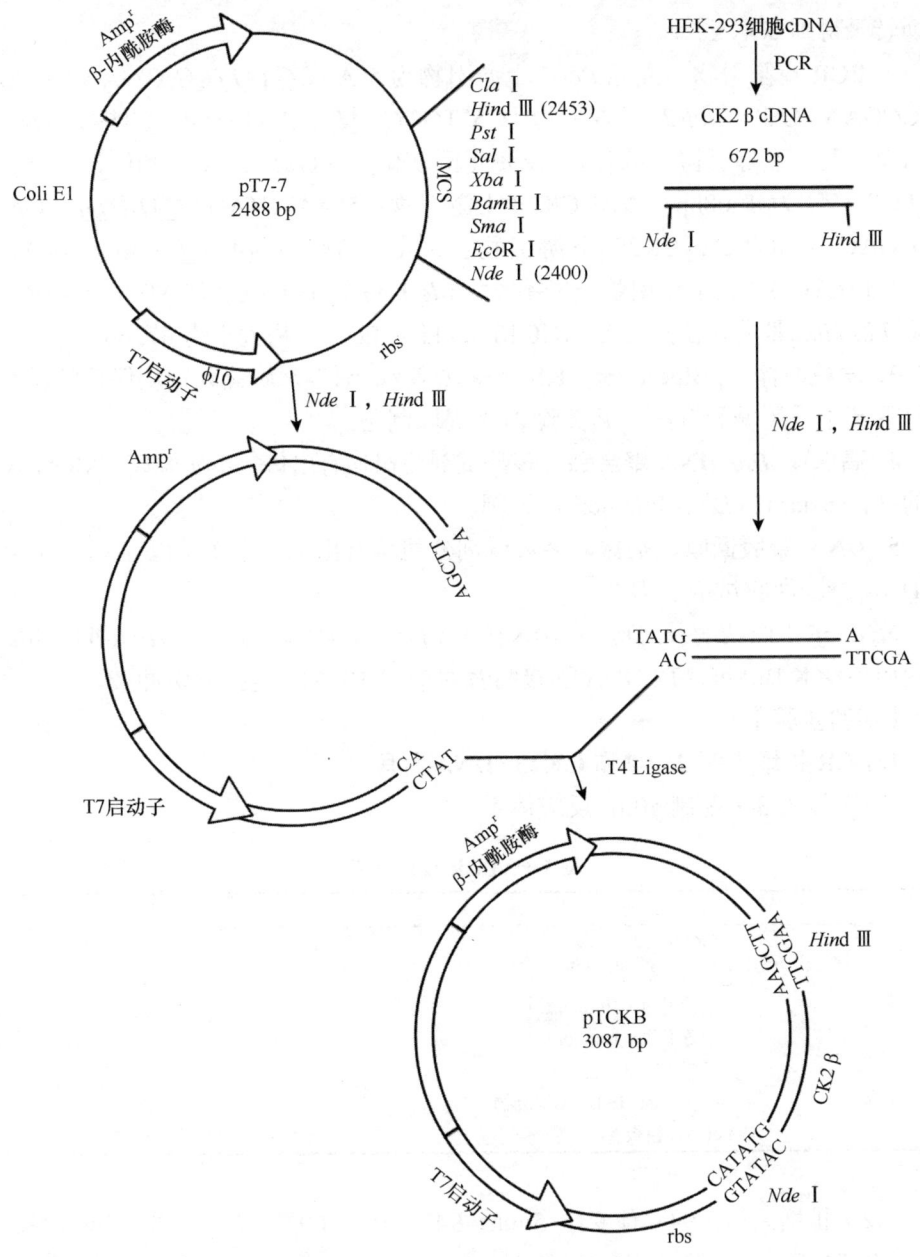

图 3-2 pTCKB 重组质粒构建

【实验器材】

主要仪器：微量移液器、电子天平、电热炉、制胶槽、水平电泳槽、电泳仪、恒温水浴箱、紫外分析仪、紫外-可见光分光光度计、高速离心机、掌式离心机、PCR 扩增仪、蓝光切胶仪。

【实验试剂】

1. 人胚肾细胞系 HEK-293 细胞 cDNA：从培养的 HEK-293 细胞提取总 RNA

并逆转录得到 cDNA。

2. PCR 克隆引物　人源 *Bcl-2* 上游引物为 5′ AAC*GAATTC*CATGAAATAAAGATCCGAAAG 3′，*Bcl-2* 下游引物为 5′ TGT*GAATTC*CTGATGCTCTGGGTAACTCTA 3′，上、下游引物 5′端各含 *Eco*R I 酶切位点（G↓AATTC）和保护碱基，目标 PCR 产物为 1908bp。人源 CK2β 上游引物：5′ AATCTAGA*CATATG*AGCAGCTCAGAGGAGGT 3′，CK2β 下游引物：5′ AAGGATCC*AAGCTT*CAGCGAATCGTCTTGACTGG 3′，上游引物 5′端包含 *Nde* I 酶切位点（CA↓TATG），下游引物 5′端包含 *Hin*dⅢ 酶切位点（A↓AGCTT），目标 PCR 产物大小为 672bp。

3. 质粒载体　pBluescript Ⅱ KS（-）质粒和 pT7-7 质粒分别从保存的质粒转化甘油菌中采用碱裂解法（见实验 21）提取制备。

4. 高保真 *Taq* DNA 聚合酶　多数试剂公司均有出售，本实验以 TAKARA 公司的 Primerstar HS DNA Polimerase 为例。

5. DNA 凝胶回收试剂盒　多数试剂公司均有出售，本实验以 AxyGen 公司的 DNA 凝胶回收试剂盒为例。

6. *Eco*R I 内切酶及对应的 10×H Buffer，*Nde* I 内切酶和 *Hin*dⅢ 内切酶及其通用 10×K Buffer，T4 DNA 连接酶及对应的 10×T4 连接酶缓冲液。

【实验步骤】

1. PCR 扩增人源 *Bcl-2* 和 CK2β cDNA 片段

（1）按表 3-1 配制 50μL 反应体系。

表 3-1　PCR 反应体系

试剂	加入量（μL）
5×PS 缓冲液	10
dNTP 混合物	4
上游引物（10μmol/L）	1
下游引物（10μmol/L）	1
双蒸水	32.5
Primerstar HS DNA 聚合物	0.5
cDNA 模板	1

（2）扩增条件：94℃预变性 5min；94℃ 10s，60℃ 15s，72℃ 1min，30 个循环；72℃ 5min，4℃ 1min。

（3）电泳检测：1%琼脂糖凝胶电泳检测扩增产物，100V 恒压电泳 30min。

2. PCR 产物切（割）胶回收　当电泳确认获得单一的目的条带时，可使用商品化的 PCR 纯化试剂盒纯化 PCR 产物，否则必须通过切胶回收的方式纯化目的片段。以下操作以 AxyGen 公司的 DNA 凝胶回收试剂盒为例。

（1）在蓝光灯下切下含有目的 DNA 的琼脂糖凝胶，用纸巾吸尽凝胶表面液体并切碎，计算凝胶重量（提前记录 1.5mL 离心管重量），该重量作为一个凝胶体积（1mg＝1μL 体积）（注意：建议使用大孔梳子制作琼脂糖凝胶以增加上样承载量，如有低熔点琼脂糖更好，上样时不同的样品间隔一孔，方便切胶。蓝光切胶仪适用于各种安全的核酸染料，但不适用于溴化乙锭）。

（2）加入 3 倍凝胶体积的 Buffer DE-A，混合均匀后于 75℃加热，间断混合（每 2~3min），直至凝胶块完全熔化（6~8min）。

（3）加入 0.5 倍 Buffer DE-A 体积的 Buffer DE-B，混合均匀（当分离的 DNA 片段小于 400bp 时，需再加入 1 倍凝胶体积的异丙醇）。

（4）吸取步骤 3 中的混合液，转移到 DNA 制备管（置于 2mL 离心管，试剂盒内提供）中，12 000×g 离心 1min，弃滤液。

（5）将制备管置回 2mL 离心管，加入 700μL Buffer W2，12 000×g 离心 1min，弃滤液。

（6）将制备管置于洁净的 1.5mL 离心管（试剂盒内提供）中，在制备管膜中央加入 30μL 超纯水，室温静置 1min。

（7）12 000×g 离心 1min 洗脱 DNA（注意：将超纯水加热至 65℃可提高洗脱效率）。

（8）回收的 DNA 用紫外光分光光度计测 A_{260} 与 A_{280} 值，计算浓度与纯度。

3. 目的片段与质粒的酶切 按表 3-2 配制 *Bcl-2* cDNA 与 pBluescriptⅡKS（－）载体的单酶切反应体系，按表 3-3 配制 CK2β cDNA 与 pT7-7 载体的双酶切反应体系，稍离心混匀，37℃反应 1h。

表 3-2 单酶切反应体系

试剂	加入量
10×H 缓冲液	4μL
*Eco*RⅠ（15U/μL）	1μL
pBluescriptⅡKS（－）质粒或 *Bcl-2* cDNA	1μg
超纯水	补足至 40μL

注：目的片段与载体需分别配各自的酶切反应体系，下同。

表 3-3 双酶切反应体系

试剂	加入量
10×K 缓冲液	4μL
*Nde*Ⅰ（10U/μL）	1μL
*Hin*dⅢ（15U/μL）	1μL
pT7-7 质粒或 CK2β cDNA	1μg
超纯水	补足至 40μL

注：为了获得清晰的电泳图谱，DNA 的加入量一般需达 1μg 以上。可根据 DNA 的用量调整反应体系的总体积，DNA 的加入量建议勿超过反应体系的一半（V/V），避免因 DNA 不纯使杂质在体系中的终浓度过高而影响酶的活性。

4. 酶切产物的纯化 酶切产物需经琼脂糖凝胶电泳检测酶切反应是否完

全,并通过切胶回收的方式纯化酶切产物,操作同步骤 2。

5. 目的片段与质粒载体的连接 酶切产物纯化后,按表 3-4 配制 *Bcl-2* cDNA 与 pBluescript Ⅱ KS(-)质粒的连接反应体系,按表 3-5 配制 CK2β cDNA 与 pT7-7 质粒的连接反应体系,稍离心混匀,16℃连接过夜。连接产物可用于后续的质粒转化实验(注意:连接产物可在 0~4℃保存数天,在-80℃保存 2 个月,在-20℃可保存数周但会降低转化效率)。

表 3-4 *Bcl-2* cDNA 与 pBluescript Ⅱ KS(-)的连接反应体系

试剂	加入量
10×T4 缓冲液	4μL
pBluescript Ⅱ KS(-)质粒	100ng
Bcl-2 cDNA	200ng
T4 连接酶	1μL
双蒸水	补足至 40μL

表 3-5 CK2β cDNA 与 pT7-7 的连接反应体系

试剂	加入量
10×T4 缓冲液	4μL
pT7-7 质粒	100ng
CK2β cDNA	100ng
T4 连接酶	1μL
双蒸水	补足至 40μL

注:可根据 DNA 的用量调整反应体系总体积。

【结果与分析】

1. 目的片段的扩增 扩增结束后,电泳检测结果如图 3-3:①泳道 1 出现____条带,与 Marker 相比,产物处于____bp 处,是否符合预期大小?②泳道 2 出现____条带,与 Marker 相比,产物处于____bp 处,是否符合预期大小?

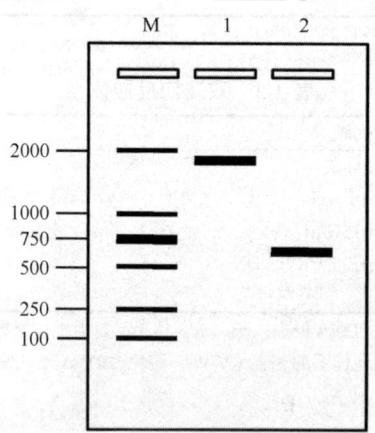

图 3-3 Bcl-2 cDNA 与 CK2β cDNA 的 PCR 扩增产物电泳
M:DL2000 DNA Marker;1:*Bcl-2* cDNA;2:CK2β cDNA

2. *Bcl-2* cDNA 与 pBluescript Ⅱ KS（−）质粒酶切后的大小分别是_____bp 和_____bp，连接后形成的 pBS-*Bcl-2* 重组质粒大小应为_____bp；CKB cDNA 与 pT7-7 质粒酶切后的大小分别是_____bp 和_____bp，连接后形成的 pTCKB 重组质粒大小应为_____bp。

3. 能否通过 PCR 顺利获得目的片段是构建载体最为关键的一步，也是决定载体构建进程的关键步骤。当目的片段扩增无条带时，可能的原因及解决方案如下。

（1）cDNA 模板的问题：①模板可能已降解，可扩增一个阳性对照组进行排除；②目的基因表达丰度较低，可适当增加 cDNA 模板用量；③cDNA 对应的细胞或组织无目的基因的表达，选择目的基因表达丰度较高的组织或通过相关应激诱导后的细胞进行 RNA 提取及逆转录。对于低丰度、不易扩增的目的片段，可考虑采用 cDNA 末端快速扩增技术（rapid amplification of cDNA ends，RACE）进行扩增。RACE 是一种基于 PCR 从低丰度的转录本中快速扩增 cDNA 的 5′和 3′末端的有效方法。

（2）退火条件不合理：过高的退火温度会使引物与模板的结合不稳定而导致退火失败，建议适当降低退火温度或通过梯度 PCR 仪确定退火温度。退火时间过短也可能导致退火失败，可尝试适当延长退火时间。

（3）引物设计不合理：由于引物引入酶切位点及保护碱基，片段更长，引物更易形成二聚体或发夹结构，也可能导致扩增失败。此外，当上、下游引物严格限制在开放阅读框起始密码子和终止密码子两端时，往往不能得到最优化的引物对，这种情况可考虑巢式 PCR 或嵌套 PCR（nested PCR，nPCR），即先在开放阅读框的上下游设计一对最优化引物（不必引入酶切位点），扩增出包含开放阅读框的产物，再以此为模板用含酶切位点的引物进行二次 PCR，扩增出仅含开放阅读框的编码序列。

（4）延伸时间不足：由于高保真酶有纠错功能，其聚合速率可能达不到 1～2kb/min，使预设的延伸时间不足而扩增失败，可以考虑适当延长延伸的时间。如果目的片段太长，如 3kb 以上，建议使用适合扩增长片段的高保真酶，或进行分段扩增再拼接起来，这样也可以降低错配的概率。

（5）目的片段的 GC 含量太高：过高的 GC 含量容易形成二级结构，导致退火比较困难，建议使用针对高 GC 含量的扩增缓冲液。此外，可以尝试采用降落 PCR（touch-down PCR），即前两个循环用较高的退火温度（68℃左右），接下来每两个循环的退火温度逐步降低 1～2℃，直到退火温度降到预设的温度时保持不变的条件继续扩增至 30 个循环左右。

4. 当扩增产物出现非特异性条带时，若目的条带与杂带分得较开，可通过切胶回收目的片段。非特异性产物的出现往往导致目的片段的扩增效率较低，这种情况可将切胶回收的产物作为模板进行二次 PCR 扩增。若目的条带与杂带很难分开，影响切胶回收，则可以考虑通过以下方式优化扩增条件以提高特异性。

（1）提高退火温度，缩短退火时间。

（2）适当降低引物的终浓度，减少模板的加入量。

（3）采用热启动降落 PCR 的方式进行扩增，尤其是使用简并引物时。

（4）设计一对最优化的嵌套引物，通过巢式 PCR 进行扩增。

5. 目的片段与载体的酶切是否彻底将影响连接反应的效率，进而影响后续质粒转化的效率。造成酶切反应不彻底的可能原因及解决方案如下。

（1）目的片段或质粒的纯度不高，残留杂质（如乙醇、酚、氯仿、EDTA、SDS、盐离子等）抑制了限制性内切酶的活性，建议尽量降低 DNA 加入量在反应体系中的体积比，同时适当增加限制性内切酶的量或延长酶切反应的时间。由于限制性内切酶原液含有 50%的甘油防冻剂，当甘油在体系中的终浓度（V/V）超过 5%时反而会抑制酶的活性，因此酶的加入量不得超过体系的 10%（V/V）。有时需注意酶切缓冲液的改变会激活某些酶的星号活性，即酶的特异性降低，能切割与原识别序列相似的序列。另外，DNA 酶切位点发生甲基化后也会抑制酶的活性。

（2）目的片段两端的保护碱基序列太短，导致限制性内切酶结合不上酶切位点而不能发挥催化活性，另外有些限制性内切酶对不同的保护碱基序列具有不同的酶活性，建议设计引物时增加保护碱基数，同时选取某些限制性内切酶对应的最优特异性保护碱基序列。

（3）对于双酶切，若载体上两个候选酶切位点的距离太近将导致双酶切失败。因此，载体上两个酶切位点的间隔至少 10bp 才能保证双酶切的效率。不同的限制性内切酶需不同离子强度的缓冲液，常用的酶切缓冲液有高盐缓冲液（H）、中盐缓冲液（M）、低盐缓冲液（L），所含的盐离子（Na^+）终浓度分别为 100mmol/L、50mmol/L、0～20mmol/L。有些酶还需添加牛血清白蛋白（BSA）以保持蛋白浓度使酶稳定。若两种酶的缓冲液不兼容，可先进行较低盐缓冲液的酶切，再补足相应盐离子的浓度至较高盐缓冲液进行二次酶切，或者依次进行单酶切，每次酶切后均需要纯化产物。

（4）限制性内切酶或已失活。酶在室温下存放极易失活，酶保存不当或反复冻融 5 次以上均会导致酶的活力下降，甚至变性失活。因此，新购买的酶建议用小包装分装后-20℃以下保存，避免反复冻融，使用时置于冰上，手握勿接触管底，避免长时间拿在手上。

【方法评价】

1. 目的 DNA 片段的获取方法有化学合成、PCR 扩增及从基因文库中获得等，其中 PCR 扩增是最常用的手段。在常规的克隆策略中，可在目的片段的 PCR 扩增引物中引入限制性内切酶的酶切位点及其保护碱基，这样扩增得到的 PCR 产物两端就带有酶切位点。引入的酶切位点只能从选定的质粒载体上的多克隆位点中选择，并且不能出现在目的片段本身的序列中，同时要避开同尾酶。构建表达载体时，引入的酶切位点需确保插入的目的序列不导致移码突变。当目的片段序列已知却无法获取模板 DNA 时，只能通过化学合成的方法获取目的片段。当已有目的蛋白但编码序列未知，若能获得 cDNA 模板，可先测定其氨基酸序列再设计简并引物，扩增出目的片段送测序鉴定；若无法获得 cDNA，可根据氨基酸序列反推出密码子，再化学合成。

2. PCR 扩增获得的目的片段进行酶切之前需要先纯化产物以去除 PCR 反应组分对限制性内切酶的影响，一般可通过商品化的 PCR 纯化试剂盒或切（割）胶回收进行产物纯化。PCR 纯化试剂盒可去除小于 50nt 的引物单链或 50bp 的双链 DNA 片段。当扩增产物有大片段的非特异性产物时，必须通过切胶回收的方式纯化目的片段。琼脂糖凝胶电泳切胶回收的常用方法有压碎法、低熔点琼脂糖法、冻融法等，也可使用商品化的切胶回收试剂盒。目的片段与载体酶切后也需要通过琼脂糖凝胶电泳鉴定酶切反应是否完全，并通过切胶回收纯化后才能进行连接反应。

3. 目的片段与载体的酶切有单酶切和双酶切两种方式。单酶切的操作简单，但酶切后的目的片段与载体进行连接不仅会产生正向插入和反向插入两种重组质粒，而且还可能产生多种额外的连接产物，如目的片段的自身环化、目的片段多聚体、载体自身环化、载体多聚体等，因而后续的筛选鉴定比较麻烦。使用碱性磷酸酶去除单酶切后的线性载体两端的磷酸基团可以避免载体自身发生环化或载体多聚体的产生，同时控制目的片段与质粒载体的分子数在 3~5 倍的比例可以尽量减少目的片段多聚体的产生。选用单酶切的方式需要预设一个能鉴定目的片段是否正向插入的简便方案，通常可选目的片段内部（避开中间的位置）与载体上均唯一存在的相同酶切位点进行酶切鉴定（正向插入与反向插入的重组质粒酶切产物大小不同）。此外，还可以利用蓝白斑筛选来鉴别重组子和非重组子。采用双酶切的方式可实现目的片段与载体的定向连接，即定向克隆，因而其更适用于构建表达型重组质粒。定向克隆的假阳性背景低，易于筛选出正确的重组子，但质粒载体上的两个酶切位点一般需至少间隔 10bp 才能保证酶切完全，而且需尽量选择能兼容同一酶切缓冲液的两种限制性内切酶的酶切位点。

4. 常用的 DNA 连接酶主要有来源于 T4 噬菌体的 T4 DNA 连接酶和大肠埃希菌的 DNA 连接酶。由于 T4 DNA 连接酶能催化黏性末端的连接和平末端的连接（平末端的连接效率较低），而大肠埃希菌的 DNA 连接酶只能催化黏性末端的连接并且需要额外添加 NAD^+ 作为辅助因子，因此在 DNA 克隆中用得较多的是前者。DNA 连接酶的最适温度是 37℃，但黏性末端的 T_m 值比较低，因此连接反应的温度不能太高，否则黏性末端之间很难配对形成稳定的氢键，一般是 12~16℃连接 4~16h，有时可 4~8℃连接 2~3 天。有些快速连接试剂可在

20～26℃连接 10～30min 或 37℃连接 1h。DNA 片段在连接体系中的浓度勿太高，一般控制在 2～20nmol/L。对于平末端连接，不存在氢键稳定性问题，可在 37℃进行连接反应以发挥酶的最大活性，同时提高 DNA 的浓度至 10～100 倍，加大连接酶的用量至 10～100 倍。

【实验应用】

重组质粒的构建是基因工程的核心环节，应用非常广泛，如目的基因的表达、融合蛋白的表达、文库的构建、启动子结合蛋白的研究、研究蛋白相互作用的酵母双杂交系统、微小 RNA 与靶 mRNA 体外结合的验证等实验均需涉及重组质粒的构建。本实验酶切目的片段与酶切载体连接形成的产物可用于后续的质粒转化实验。

【知识拓展】

1. TA 克隆　由于普通的 *Taq* DNA 聚合酶具有末端转移酶的活性，会在 PCR 扩增产物的两个 3′末端分别添加 1 个额外的脱氧腺苷酸，产生具有突出 A 单链末端的 PCR 产物，利用此特点可以使 PCR 扩增得到的目的片段无须经过酶切，直接与商品化的线性 T 载体（两端具有突出的脱氧胸苷 T 单链末端）通过 T-A 配对进行连接反应形成重组质粒。采用 T 载体进行的 TA 克隆操作简便、快速，但 T 载体是扩增型载体，不能进行目的基因的表达，因此需要将 T 载体上的目的基因亚克隆到合适的表达载体才能进一步对目的基因进行深入研究。

2. 平末端或非互补黏性末端的连接　平末端连接的适用范围广，但效率低，非重组背景高。因此，可先将平末端改造成黏性末端再进行连接。使用人工接头或互补的多聚核苷酸是将平末端改造成黏性末端的主要方式。人工接头是带有限制性内切酶酶切位点的双链寡核苷酸片段，当目的片段与载体的两端先分别接上带有相同酶切位点的人工接头，再分别酶切即可产生互补的黏性末端。利用 DNA 末端转移酶可以把互补的多聚腺苷酸（polyA）与多聚胸苷酸（polyT）或多聚鸟苷酸（polyG）与多聚胞苷酸（polyC）分别添加到目的片段与载体的末端。当目的片段与载体的黏性末端不互补时，可用核酸酶对突出单链进行消化或用 Klenow 聚合酶对突出单链进行补齐，变成平末端后再用上述方法改造成互补的黏性末端。

3. 腺相关病毒（adeno-associated virus，AAV）载体　基因工程的常用载体除了质粒，还有黏粒、噬菌粒、酵母人工染色体、病毒载体等。病毒载体介导外源基因进入细胞的优点在于病毒感染细胞能力强，效率高，有望成为突破基因治疗最后一道屏障的基因载体。AAV 是一种有缺陷、非致病的人类微小 DNA 病毒，无被膜，具有二十面体结构，基因组为 4.7～6kb 的线性单链 DNA，其复制依赖于辅助病毒，如腺病毒或疱疹病毒。AAV 载体是将天然存在的 AAV 经过基因工程改造后产生的一种可供转基因应用的载体。与慢病毒、逆转录病毒、腺病毒等其他病毒载体相比，AAV 载体具有低致病性、低免疫原性、宿主细胞范围广、易操作、可长期稳定表达外源基因等优点。目前最常用的 AAV 载体是 AAV helper-free system，即不需要腺病毒辅助载体的包装系统。由于大多数人感染过野生型 AAV，尚无证据表明 AAV 的感染与某种疾病的发生有关，并且当今研发的 AAV 载体已不需要病毒辅助，不插入宿主的基因组，呈卫星状稳定表达，使得 AAV 载体成为目前安全级别最高的病毒类基因治疗载体。AAV 具有多种血清型，不同的血清型具有不同的组织或细胞特异性。AAV-1 和 AAV-7 对骨骼肌的感染效率较高，AAV-2、AAV-4 和 AAV-5 均可有效感染中枢神经细胞，AAV-3 可有效感染巨核细胞，AAV-5 和 AAV-6 感染气管上皮细胞更为高效，AAV-8 可高效感染肝脏、骨骼肌和心肌组织。AAV-DJ 是将 8 种不同血清型的 AAV 衣壳基因通过 DNA shuffling 技术得到的嵌合型 AAV 载体，对多种细胞均有较高的感染效率，且人体内存在的 AAV 抗体对它的中和性较低。由于 AAV 载体不整合到宿主细胞基因组，比较适用于不会很快更新的组织器官，如脑、视网膜、肌肉、肝、心血管系统等。AAV 载体的临床应用符合相关规定，已获得美国食品药品监督管理局批准并进入临床试验，在治疗癌症、心脏病、神经组织退行性疾病和病毒感染性疾病等的疗效显著。当然，AAV 载体在临床治疗应用中还存在一些缺点，如部分组织感染效率不高、注射剂量大易引起免疫排斥、包装容量较小（不超过 4.7kb）不适用于大片段基因等。目前主要通过对病毒衣壳蛋白点突变的方法提高感染效率。全球已有越来越多的重组 AAV 产品正在进行各期的临床试验，并且已有一些产品批准上市得到实际应用，未来的研究重点是进一步提高病毒载体的安全性和有效性。

【学生目标考核】

1. 能了解构建重组质粒的基本原理和主要过程。

2. 能根据具体的实验目的选择合适的质粒载体，能读懂质粒图谱中的基本元件，并能根据载体的多克隆位点及给定的目的片段序列选择合适的酶切位点，能设计出目的片段的 PCR 克隆引物。

3. 能配制目的片段的 PCR 扩增反应体系并设置 PCR 扩增的反应条件，能判断目的片段的扩增结果是否符合预期的目标产物。

4. 能根据目的片段与载体的用量配制合适的酶切反应体系和连接反应体系。

5. 能对 PCR 扩增产物或酶切产物进行回收纯化。

（张春龙）

实验 20　质粒 DNA 的转化

【实验目的】

1. 掌握氯化钙法转化质粒 DNA 的工作原理。

2. 学习与分子生物学相关的无菌操作，掌握细菌铺板技术。

【实验原理】

转化是将外源 DNA 分子导入到受体细胞，使之获得新的遗传特性的一种方法。转化所用的受体细胞一般是限制-修饰系统缺陷变异株（即不含限制性内切酶和甲基化酶）。将对数生长期的细菌（受体细胞）经理化方法处理后，细胞膜的通透性发生暂时性改变，成为能允许外源 DNA 分子进入的感受态细胞。进入受体细胞的 DNA 分子通过复制和表达实现信息的转移，使受体细胞具有了新的遗传性状。将经过转化的细胞在筛选培养基上培养，即可筛选出转化子（带有外源 DNA 分子的细胞）。转化后的受体细胞只吸收一个质粒 DNA 分子，因为一个质粒 DNA 分子一旦进入某个受体细胞，就会排斥另外的质粒 DNA 进入该细胞，此即质粒的不兼容性。因此，在选择性培养基长出的菌落均为单克隆。

本实验采用 $CaCl_2$ 法制备感受态细菌。其原理是细胞处于 0~4℃的 $CaCl_2$ 低渗溶液中，大肠埃希菌细胞膨胀成球状。转化混合物中的 DNA 形成抗 DNase 的羟基-钙磷酸复合物黏附于细胞表面，经 42℃、90s 热激处理，促进细胞吸收 DNA 复合物。将细菌放置在非选择性培养基中保温一段时间，促使在转化过程中获得新的表型，如氨苄西林耐药（Amp^r）得到表达，然后将此细菌培养物涂在含氨苄西林（Amp）的选择性培养基上，倒置培养过夜，即可获得细菌菌落。

$CaCl_2$ 的作用：①使大肠埃希菌细胞膜磷脂层形成液晶结构，易于接受外源 DNA；②$CaCl_2$ 与质粒 DNA 形成羟基-钙磷酸复合物可保护目的 DNA 免受细胞内的 DNase 所降解；③低渗 $CaCl_2$ 溶液可使大肠埃希菌膨胀成球状，细胞膜间隙增加，易于接受外源 DNA；④Ca^{2+} 带正电荷可消除质粒 DNA（带负电荷）与细胞膜（含磷酸基团带负电荷）之间的静电排斥作用。

为了将分子生物学实验开成一整套教学效果较好的连贯实验，各校可根据科研情况选择两种质粒。

一种是仅用于质粒 DNA 的扩增，该质粒的要求是：含 Amp^r；质粒内有一种常用的限制性内切酶酶切位点（如 *Eco*R I），酶切后可将质粒切成有明显差别的两段。比如含人 *Bcl-2* 重组质粒 PBS-*Bcl-2*（见实验 19）。该质粒由 *Eco*R I 单酶切的 pBluescript II KS（-）载体与 *Eco*R I 单酶切的人 *Bcl-2* cDNA 重组而成的，大小为 4861bp，前者是一种由 pUC19 质粒衍生而来的具有 2961bp 的质粒载体。因此用 *Eco*R I 酶切则应得到空载 pBluescript II KS（-）载体（2.96kb）和人 *Bcl-2* cDNA 片段（1.9kb）。

另一种质粒是可进行原核表达目的基因的原核表达质粒，同时也含 Amp^r。如人蛋白激酶 CK2β 亚基 cDNA 重组质粒（pTCKB，见实验 19）就属于这种重组表达质粒。如后者兼有第一种质粒特性，可只选后者。

如选择两种质粒，将 DNA 扩增质粒和原核表达质粒分别转化 DH5α 扩增菌（或 JM109 等）和 BL21（DE3）表达菌，转化后在含 Amp 的培养基上进行筛选，生长的菌落即为含重组质粒的工程菌。如是一种质粒也要分别转化 DH5α 扩增菌（或 JM109 等）和 BL21（DE3）表达菌。

转化 DH5α 菌所生长的菌落，制备获得的质粒将作为限制性内切酶的酶切底物（见实验 22）。

转化 BL21（DE3）菌生长的菌落将用 IPTG 诱导表达后作为 SDS-PAGE 用的蛋白样品（见实验 23）。

【实验器材】

主要仪器：高速冷冻离心机、恒温摇床、恒温培养箱、恒温水浴箱、超净工作台、直径 90mm 玻璃培养皿及玻璃涂布器等。

【实验试剂】

1. LB 液体培养基　主要用于大肠埃希菌扩增的培养；称取 10g 胰蛋白胨、5g 酵母提取物、10g NaCl 加蒸馏水 500mL 溶解，用 5mol/L NaOH 调至 pH7.4，定容至 1L，转移至三角锥形瓶（液体约占瓶体积的 1/3），用棉塞或锡纸封好瓶口，高压灭菌。

2. 不含抗生素的 LB 固体培养平板　主要用于转化后大肠埃希菌的培养；在三角锥形瓶中加入 LB 液体培养基（液体约占瓶体积的 1/3），加琼脂粉至 1.5%浓度，用棉塞或锡纸封好瓶口，高压灭菌。溶液尚未完全冷却时，取出培养基，并轻轻摇动以使琼脂均匀分布于整个培养基中。必须小心，此时培养基溶液可能过热，旋动液体会发生暴沸。待冷却至不烫手背时铺培养皿，一个直径为 90mm 的培养皿约需 25mL 培养基。

3. 含氨苄西林的 LB 固体培养平板　主要用于大肠埃希菌的筛选培养；上述含 1.5%琼脂的 LB 液体培养基，在高压灭菌后溶液尚未完全冷却时，取出培养基，并轻轻摇动以使琼脂均匀分布于整个培养基中，待冷却至不烫手背时加入氨苄西林（Amp），按每 100mL 培养基加 10g/L Amp 溶液 1mL，使其终浓度为 100mg/L，然后在超净台上铺平板，直径为 90mm 的培养皿约需 25mL 培养基。

4. 100mg/mL 氨苄西林溶液　主要用于抑制不含 Amp^r 的大肠埃希菌的生长；在规格为 1g 的氨苄西林瓶中直接用注射器注入 2mL 无菌水或生理盐水，溶解 Amp 白色粉剂，吸取全部溶液于 10mL 容量瓶中，定容，分装于 1.5mL 的离心管中，封口，置于-20℃保存，使用时需解冻。

5. 0.1mol/L $CaCl_2$ 溶液　称取 11.1g 无水氯化钙，加超纯水溶解，倒入容量瓶定容至 1L。随后分装于三角锥形瓶中，用棉塞或锡纸封好瓶口，高压灭菌；或者直接过滤除菌；作用见实验原理。

6. DNA 扩增质粒　配制成 2ng/μL；视具体情况选择。

如可选用含人 *Bcl-2* 的重组质粒（见实验 19）。

7. 原核表达质粒　配制成 2ng/μL。

如可选含人蛋白激酶 CK2β 亚基的 cDNA 重组质粒（见实验 19）；视具体情况选择。

8. 大肠埃希菌 DH5α　　此为 DNA 扩增菌。

9. 大肠埃希菌 BL21（DE3）　　此为蛋白表达菌。

【实验步骤】

1. 细菌感受态细胞的制备　　将 DH5α 和 BL21（DE3）菌种分别划线于不含抗生素的 LB 琼脂板上，37℃培养过夜。挑取单菌落接种于 5mL LB 培养基中，37℃振荡培养过夜。次日取菌液 1mL 接种至含有 100mL LB 培养基的锥形瓶中，37℃剧烈振荡培养 2~3h，待 A_{600} 值达到 0.3~0.4 时将烧瓶冰浴 10~15min。将细菌转移到一个灭菌处理过的冰预冷的 50mL 离心管中，4000×g，4℃离心 10min，弃培养基，将管倒置于滤纸使最后的残留液体流尽。加预冷的已过滤除菌的 0.1mol/L $CaCl_2$ 重悬菌体，冰浴 30min。4000×g，4℃离心 10min，弃培养基。再加 4mL 预冷的 0.1mol/L $CaCl_2$，轻轻重悬菌体，置于 4℃冰箱 12~16h，或加入 0.5 倍体积的无菌 50%甘油混匀后置于-80℃保存数月（注意：①感受态细胞很脆弱，因此制备感受态细胞时，动作一定要轻，禁止剧烈地振摇或吹打；②感受态细胞置于4℃冰箱中过夜，可提高转化效率 4~6 倍）。

2. DNA 重组质粒转化大肠埃希菌 DH5α，按表 3-6 操作。

表 3-6　DNA 重组质粒转化大肠埃希菌 DH5α 操作

无菌条件下分别加入	实验管（1.5mL 离心管）	阴性对照管（1.5mL 离心管）
新鲜感受态 DH5α 细菌	30μL	30μL
重组质粒（2ng/μL）	5μL	—
灭菌水	—	5μL
①轻轻旋转以混合内容物（禁止剧烈振摇或吹打），冰浴 30min。42℃水浴 90s（热激时间要准确，中途不要摇动离心管），立即冰浴 2min		
加入不含 Amp 的 LB 液体培养基	200μL	200μL
②摇床中 37℃、100~150r/min 振摇 15min，使细菌复苏并表达抗性基因		
③每管取 200μL 加至含 Amp 的 LB 琼脂平板上（平板侧面做好标记），用玻璃涂布器涂布均匀，室温放置，使液体吸收，然后 37℃倒置培养 12~16h 至单菌落形成		

3. 原核表达质粒转化大肠埃希菌 BL21（DE3）表达菌，按表 3-7 操作。

表 3-7　原核表达质粒转化大肠埃希菌 BL21（DE3）表达菌操作

无菌条件下分别加入	实验管（1.5mL 离心管）	阴性对照管（1.5mL 离心管）
新鲜感受态 BL21（DE3）表达菌	30μL	30μL
重组表达质粒（2ng/μL）	5μL	—
灭菌水	—	5μL
①轻轻旋转以混合内容物（禁止剧烈振摇或吹打），冰浴 30min。42℃水浴 90s（热激时间要准确，中途不要摇动离心管），立即冰浴 2min		
加入不含 Amp 的 LB 液体培养基	200μL	200μL
②摇床中 37℃、100~150r/min 振摇 15min，使细菌复苏并表达抗性基因		
③每管取 200μL 加至含 Amp 的 LB 琼脂平板上（平板侧面做好标记），用玻璃涂布器涂布均匀，室温放置，使液体吸收，然后以 37℃倒置培养 12~16h 至单菌落形成（培养时间过久将会出现卫星菌落）		

注：①为避免每个实验台上各组之间的交叉污染，玻璃涂布器在每涂完一个平板后要在 75%乙醇中浸泡 3~5s，然后在酒精灯上燃烧。此步实验切记用火安全！②分别转化 DH5α 和 BL21（DE3）。③将含两种不同菌落的平板倒置，置于 4℃保存。该菌落将用于下周进行质粒 DNA 的制备。④为了较长时间保存重组工程菌，可分别挑取这两种工程菌的单菌落置于 7mL 含 Amp 液体培养基中 37℃振荡培养，至液体浑浊时从摇床中取出。取 10 支消毒的 1.5mL 离心管，每支均加入 0.3mL 的无菌甘油，向每支离心管中加入 0.7mL 培养好的细菌（甘油浓度应达到 30%），盖好离心管盖，上下颠倒混匀，做好标记置于-20℃或-80℃冰箱中保存。

【结果与分析】

1. 实验结果　记录菌落生长情况（图 3-4）。

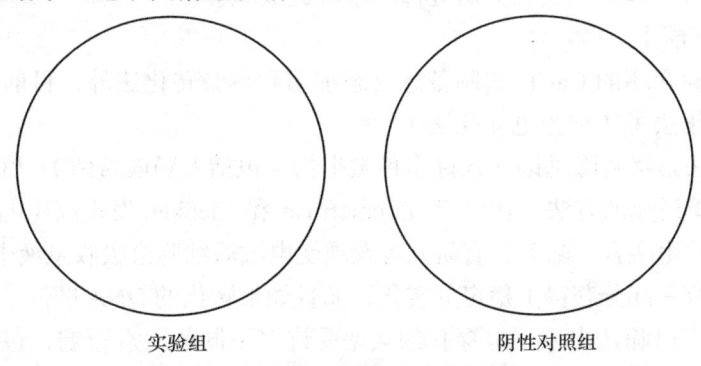

图 3-4　菌落生长情况（示意图）

（1）若实验组出现菌落，阴性对照组无菌落生长，这说明了什么？请结合实验原理分析其原因。

（2）若转化实验中在含 Amp 的选择性培养基上出现菌落，阴性对照也有菌落出现，这说明了什么？请分析可能的原因。

（3）若实验组与阴性对照组均无菌落生长，说明了什么问题？请分析可能的原因。

2. 42℃热激后为何转化菌一开始是加入无抗生素的 LB 培养基进行温和振荡培养，而不是直接加有抗生素的 LB 培养基进行培养？

3. 如何提高转化效率？

【方法评价】

$CaCl_2$ 法制备感受态细菌是 Cohen 等于 1972 年创立的，常用于成批制备感受态细菌，这些细菌可使每微克质粒 DNA 产生 $5×10^6$~$2×10^7$ 个转化菌落，这样的转化效率足以满足常规克隆的需要。该方法适用于大多数大肠埃希菌菌株，并且具有快速、重复性好等优点。该法制备的感受态细胞可贮存于-70℃，但保存时间过长会使转化效率在一定程度上受到影响。

本实验采用的是热激转化法，主要将大肠埃希菌置于 0℃ 的 $CaCl_2$ 低渗溶液中，细菌细胞膨胀成球形，转化混合物中的 DNA 形成抗 DNase 的羟基-钙磷酸复合物黏附于细胞表面，经 42℃ 短时间热激处理，促进细胞吸收 DNA 复合物，在营养丰富的培养基上生长数小时后，球状细胞复原并分裂增殖。在被转化的细胞中，重组子基因得到表达，在选择性培养基平板上可挑选所需的转化子。

【实验应用】

重组质粒转化实验是基因工程中最关键的一个环节，在体外重组的含有目的基因的重组质粒（或其他重组载体）必须经过转化这个环节将其导入到宿主细胞（如大肠埃希菌）内，借助宿主细胞内的 DNA 复制、转录及翻译系统进行扩增或表达基因产物——蛋白质。这个环节的效率高低与成败直接影响后续实验，所以重组质粒转化实验是基因工程中最常用、最重要的一个实验环节；其应用相当广泛，几乎所有基因及其相关研究都离不开此实验。

【知识拓展】

除本实验介绍的 $CaCl_2$ 法制备感受态细菌和热激转化法外，目前科研中还经常用到电转化法（或称为电穿孔法）。

电穿孔法是将克隆基因导入许多种微生物（包括大肠埃希菌）、植物和动物细胞的一个简单迅速的方法。1983 年 Zimmerman 和 Vienken 发现高压电脉冲可以诱导细胞质膜发生融合。随后，有研究者发现受电激后细胞会吸收悬液中的 DNA。这些细胞中有一部分获得了稳定的转化，而且如果转化的 DNA 携带了合适的选择标记基因就可以筛选出来。电穿孔的效率受许多不同的因素影响，包括温度、电场参数（电压、电阻和电容）、DNA 的拓扑构象及宿主细胞本身的因素。

主要原理是外加于细胞膜上的电场造成细胞膜的不稳定，形成电穿孔，不仅有利于离子和水进入细菌细胞，也有利于 DNA 等大分子进入。同时 DNA 在电场中形成的极性对于其进入细胞也是非常重要的。对转化大肠埃希菌而言，电转化法的转化效率与 $CaCl_2$-热激法效率大致相当，但对于转化分子量超过 50 kb 的 DNA，电转化法的效率要比 $CaCl_2$-热激法高得多。

【学生目标考核】

1. 明白质粒转化的基本原理，能根据具体的实验目的选择合适的宿主细胞，能独立进行质粒转化（氯化钙法）的基本操作。

2. 明白筛选转化子的基本原理，能根据不同的质粒载体配制相应的选择性培养基。

3. 能根据实验结果判断转化实验是否成功，明白设置阴性对照组的作用，学会分析转化实验失败的可能原因，知道提高转化效率的相关策略。

4. 会正确使用超净工作台，能独立进行无菌操作。

（刘新光　张春龙）

实验 21 质粒 DNA 的制备

【实验目的】
1. 掌握碱裂解法制备质粒 DNA 的原理。
2. 熟悉碱裂解法制备质粒 DNA 和柱纯化质粒的基本操作。

【实验原理】
从大肠埃希菌细胞中分离质粒 DNA 的方法众多,分离的依据可根据分子大小不同、碱基组成差异及质粒 DNA 的环状结构特点进行。目前常用的有碱裂解法(又称碱变性抽提法)、羟基磷灰石柱层析法、质粒 DNA 释放法、酸酚法、两相法及溴化乙锭-氯化铯密度梯度离心法。以上方法各有利弊,其中碱裂解法效果良好,经济且收率较高,是一种使用最广泛的制备质粒 DNA 的方法,也是当今分子生物学研究中的常规方法。制备的质粒 DNA 可用于酶切、连接、转化及 PCR 等。碱裂解法制备质粒主要包括质粒的粗分离和纯化两个阶段,实验原理如下。

细菌在碱性溶液(pH12.6)中裂解,NaOH 使细菌蛋白质、基因组 DNA 和质粒 DNA 变性。蛋白质变性后,空间结构被破坏,形成无规则的线性结构与变性基因组 DNA 相互交联缠绕形成网状结构。但质粒 DNA 相对分子量比基因组 DNA 小得多,不易与变性蛋白质缠绕。

当以 pH4.8 的 KAc-HAc 高盐缓冲液调节其 pH 至中性时,变性的质粒 DNA 恢复到原来的构型,保留在溶液中;变性的蛋白质与 SDS 结合形成 SDS-蛋白质复合物,而基因组 DNA 则与蛋白质缠绕;同时,钾取代了 SDS 中的钠后形成了溶解度低的十二烷基硫酸钾(PDS);通过离心,基因组 DNA 与 PDS-蛋白质复合物一起沉淀下来而被除去。质粒 DNA 留在上清液中,转移出上清液即可实现质粒 DNA 的粗分离,再进一步纯化即可获得较纯的质粒 DNA。

传统的纯化方法是先用酚/氯仿抽提除去残余的蛋白质,再通过无水乙醇沉淀、70%乙醇洗涤去除盐离子获得质粒 DNA,操作较烦琐且涉及酚、氯仿等毒性较大的试剂。本实验选用商品化的纯化柱(吸附柱)纯化质粒,操作简便、快速。由于纯化柱底部固定了仅能吸附 DNA 的硅胶膜,将上述粗分离的质粒 DNA 与硅胶膜结合,再通过 70%~80%乙醇洗涤去除硅胶膜上残留的蛋白和盐离子,最后将较纯的质粒 DNA 从硅胶膜上洗脱下来。

提取的质粒 DNA 有 3 种存在形式:①共价闭环 DNA,常以超螺旋形式存在;②开环 DNA,此种质粒 DNA 两条链中有一条发生一处或多处断裂;③线性 DNA,因质粒 DNA 的两条链在同一处断裂而造成。理想情况,一般以超螺旋结构的质粒居多。在电泳时同一质粒 DNA 的 3 种形式泳动速度不同:超螺旋>线性>开环。

【实验器材】
主要仪器有高速冷冻离心机及涡旋振荡器。

【实验试剂】

1. 碱裂解法中一些试剂的作用

溶液Ⅰ：①葡萄糖，增加溶液的黏度，维持渗透压，防止 DNA 受机械剪切力而降解。②EDTA，螯合 Mg^{2+}、Ca^{2+}，抑制 DNase；有利于溶菌酶作用（低离子环境）。③溶菌酶，溶菌，但 pH<8.0 该酶受抑制（从大肠埃希菌中提取质粒可以不加溶菌酶）。④RNase A，去除 RNA 杂质。

溶液Ⅱ：①NaOH，核酸在 pH5～9 稳定，但在 pH>12 或<3 则变性，溶液Ⅱ中 pH 为 12.6，是细胞膜强有力的破坏试剂，同时可使细菌基因组 DNA、质粒和细菌蛋白质变性。②SDS，离子型表面活性剂；可以与变性的蛋白质结合成 SDS-蛋白质复合物；同时也具有破坏细菌细胞膜的作用。

溶液Ⅲ：KAc-HAc 缓冲液（pH 4.8），把 pH12.6 的抽提液调回 pH 至中性，使变性的质粒 DNA 复性，并使其稳定存在，钾取代了 SDS 中的钠后形成了不溶于水的十二烷基硫酸钾（PDS）；而高盐的 KAc 有利于缠绕在 PDS-蛋白质复合物中的基因组 DNA 凝聚而沉淀。通过离心，基因组 DNA 与 PDS-蛋白质复合物一起沉淀下来而被除去。

2. 菌种 含质粒 DNA 的大肠埃希菌工程菌（如 HB101、DH5α、JM109 等），如果实验后需直接酶切制备的质粒 DNA，可选用科研工作中用重组质粒 DNA 转化的大肠埃希菌，如本实验使用的是实验 20 获得的含 DNA 扩增质粒的 DH5α 工程菌。

3. LB 液体培养基 称取胰蛋白胨 3.0g，酵母提取物 1.5g，NaCl 3.0g，加蒸馏水 200mL 溶解，用 5mol/L NaOH 调至 pH 7.4，定容至 300mL，转移至三角烧瓶中，高压灭菌。

4. 10g/L 氨苄西林（Amp）溶液 在无菌条件下用无菌水或生理盐水配制成 10g/L 溶液，分装，置于-20℃贮存备用。

5. 含 Amp 的 LB 固体培养平板 每 100mL LB 培养液在临高压灭菌前加入 1.5g 琼脂，高压灭菌，溶液尚未完全冷却时，取出培养基，轻轻摇动以使琼脂均匀分布于整个培养基中。培养基降温至 50℃（用手背碰一下瓶壁不致烫手），加入 Amp，按每 100mL 培养基加 10g/L Amp 溶液 1mL，使其终浓度为 100mg/L，然后在超净台上铺平板，90mm 直径的培养皿约需 25mL 培养基。

试剂 3、试剂 4 和试剂 5 的作用见实验 20。

6. 质粒 DNA 提取试剂盒（碱裂解法） 多数试剂公司均有销售，内含溶液Ⅰ、溶液Ⅱ、溶液Ⅲ、洗涤液、洗脱液、RNase A 和纯化柱等。洗涤液为 70%～80%乙醇，作用是去除残留蛋白质和盐离子。有些试剂盒含两种洗涤液。洗脱液为 TE 缓冲液（pH8.0），含 10mmol/L Tris-HCl（pH8.0），1mmol/L EDTA-Na_2（pH8.0），高压灭菌，4℃贮存，主要用于溶解和保存 DNA。也可以用超纯水作为洗脱液。RNase A 需预先添加到溶液Ⅰ后置于 4℃保存，主要作用是降解样品中可能存在的 RNA，消除 RNA 对实验的干扰。

【实验步骤】

1. 实验前 1 天进行此步操作 无菌环境下用接种针或消毒牙签挑取含质粒 DNA 的单菌落（本实验可选取实验 20 获得的含 DNA 扩增质粒的 DH5α 单菌落），溶于 2mL LB 液体培养基（含 100mg/L Amp）中，将盛有培养基的试管置于 37℃空气摇床中剧烈摇荡培养过夜。

2. 将 1mL 菌液收集在 1.5mL 的离心管中，12 000×g 离心 10s，弃上清液，将离心管倒置于纸巾上，以使所有液体流出。

3. 加 200μL 溶液Ⅰ（含 RNase A），涡旋混匀（或吹打）至无结块。

4. 加 200μL 溶液Ⅱ，温和颠倒 4~6 次，直至形成透亮的溶液（溶液变透明，黏稠）[加入溶液Ⅱ 5min 后，如溶液不变黏稠（用移液嘴沾吸没有丝状物出现），则应终止实验，检查是否加错试剂；此步骤禁止涡旋振荡，裂解不宜超过 10min，否则将导致基因组 DNA 断裂成小片段，时间过长也会破坏质粒 DNA]。

5. 加 280μL 溶液Ⅲ，温和颠倒 6~8 次（溶液出现白色沉淀），12 000×g 离心 10min（此步离心结束后需小心取出离心管，以免使沉淀飘浮，否则需重新离心）。

6. 小心转移 500μL 上清液（勿吸入沉淀！）到纯化柱（纯化柱预先置于 2mL 离心管中），12 000×g 离心 1min，弃滤液（2mL 离心管即废液收集管，由试剂盒内提供，也可用 1.5mL 离心管代替）。

7. 将纯化柱放回离心管，加 500μL 洗涤液 Buffer W1，12 000×g 离心 1min，弃滤液。

8. 将纯化柱放回离心管，加 700μL 洗涤液 Buffer W2（已加入无水乙醇），12 000×g 离心 1min，弃滤液（有些试剂盒仅含 1 种洗涤液；此步骤重复 1 次可提高质粒纯度但可能会降低得率）。

9. 将纯化柱放回 2mL 离心管中，12 000×g 离心 1min（此步骤可选）。

10. 取出纯化柱放置 5min（挥发残留乙醇）后移入新的 1.5mL 离心管（预先做好标记）中，在纯化柱膜中央加 30~50μL 洗脱液（或灭菌水），室温静置 1min，12 000×g 离心 1min，收集质粒 DNA，置于-20℃保存（将洗脱液或水加热至 65℃可提高洗脱效率）。

【结果与分析】

实验结果 实验现象记录（表 3-8）。

表 3-8 实验现象记录

实验现象		结果分析
加入溶液Ⅱ		
加入溶液Ⅲ		

【方法评价】

碱裂解法提取质粒 DNA 是经典方法，目前仍是科研活动中首选方法。本法是基于 DNA 的变性与复性差异而达到分离目的的，碱性溶液使质粒 DNA 变性，再将溶液的 pH 调至中性使质粒 DNA 复性，而染色体 DNA 不能复性缠结成网状物质，通过离心除去。其优点是收获率高，适用于多数的菌株，所得产物经纯化后可满足多数的 DNA 重组操作。

【实验应用】

质粒 DNA 制备是基因工程的重要环节。质粒制备可以分两种情况，一种是转化前质粒 DNA 制备，主要用于将目的基因与质粒 DNA 重组，构成重组质粒；另一种是重组质粒的制备，主要用于重组质粒的鉴定及获得大量的重组质粒。本实验属于后一种情况。质粒 DNA 制备与基因组 DNA 制备是分子生物学中制备 DNA 中最常用的两种技术。

【知识拓展】

介绍一种快速可靠的小量制备质粒 DNA 的方法。

小规模快速制备质粒 DNA 是批量筛选含重组质粒的阳性克隆的一个不可缺少的步骤，常规经典的方法是碱裂解法。通过该方法制备出来的质粒 DNA 既可进行琼脂糖凝胶电泳，也可进行限制性酶切分析。但该方法在一次筛选数十个克隆时就显得操作步骤烦琐，费时较多。下面介绍一种改进的快速可靠的小规模制备质粒 DNA 方法，称为改良一步法。

（1）收获 1.0 mL 含质粒的过夜培养菌液于 1.5mL 微量离心管中，在 $12000 \times g$ 离心 10s。

（2）尽量弃尽培养液并加入 50μL TE（pH8.0）缓冲液，用旋涡混合器振荡以悬浮细胞。

（3）加入 50μL 酚/氯仿（1∶1）混合液，在旋涡振荡器上振荡 10s 后，以 $12\,000 \times g$ 离心 5min。

（4）小心取出 40μL 上清液，加入 RNase A 至终浓度 50mg/L，室温放置 5min。

（5）取 5μL 质粒溶液进行 0.6%~1%琼脂糖凝胶电泳，并以未重组载体 DNA 做对照，根据电泳结果即可判断有无外源 DNA 插入。

取适量可能含重组载体的质粒溶液进行限制性酶切分析。

我们曾用此法一次筛选 72 个克隆，不到 3h 就得到了质粒 DNA（包括收集细菌时间），5μL 质粒 DNA 样品电泳结果很好，重组与非重组质粒 DNA 带十分清晰，重组质粒的进一步酶切分析结果也很理想。

（6）如何根据琼脂糖凝胶电泳结果判断重组与非重组质粒 DNA？

【学生目标考核】

1. 能掌握碱裂解法制备质粒的大致原理，熟悉溶液Ⅰ、溶液Ⅱ、溶液Ⅲ、洗涤液和洗脱液的基本成分和作用,知道纯化柱的作用原理。

2. 能独立操作挑取单克隆,能独立进行提取质粒 DNA 的基本操作,熟悉实验过程中的注意事项,在实验过程中能分清哪一步离心是弃上清液还是保留上清液,能结合实验原理对实验现象进行分析,知道如何提高洗脱效率。

(刘新光　张春龙)

实验 22　质粒 DNA 的限制性内切酶酶切分析

【实验目的】
1. 掌握限制性内切酶的识别与切割特点。
2. 熟悉限制性内切酶酶切质粒 DNA 的操作步骤。
3. 熟悉限制性内切酶使用过程中的注意事项。

【实验原理】

限制性内切酶(restriction endonuclease,RE)可分为三种类型:Ⅰ、Ⅱ和Ⅲ型,Ⅱ型酶就是通常所指的 RE,是能识别双链 DNA 的特异序列(一般是 4~8bp),并在识别序列内进行切割,产生平末端或黏性末端的核酸内切酶。它是基因工程中剪切 DNA 分子的常用工具酶,被誉为基因工程的"手术刀"。

作为连贯实验,本实验选取实验 21 制备的 pBS-*Bcl-2* 重组质粒作为 *Eco*RⅠ酶切底物。重组质粒是由 *Eco*RⅠ单酶切的 pBluescriptⅡKS(-)载体与 *Eco*RⅠ单酶切的人 *Bcl-2* cDNA 重组而成的,大小为 4861bp,前者是一种由 pUC19 质粒衍生而来的具有 2961bp 的质粒载体。因此用 *Eco*RⅠ酶切则应得到空载 pBluescriptⅡKS(-)载体(2.96kb)和人 *Bcl-2* cDNA(1.9kb)两个片段(图 3-5)。经琼脂糖凝胶电泳后可较容易鉴定该质粒中的插入片段。

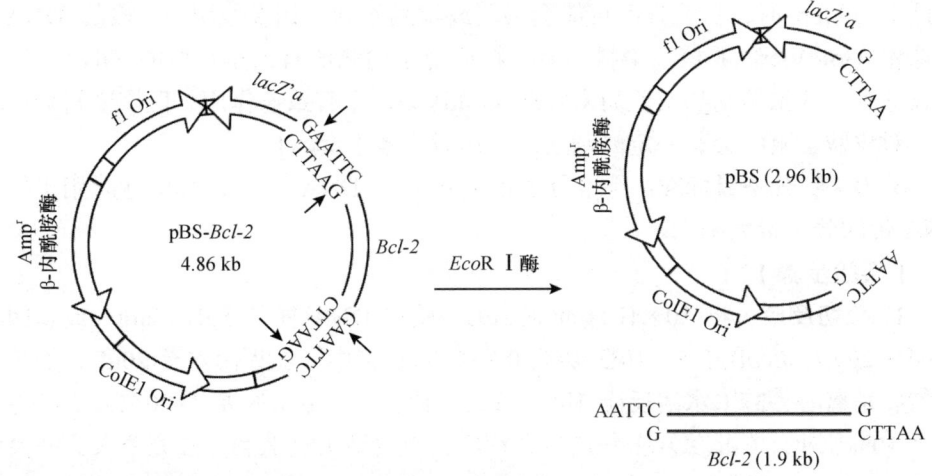

图 3-5　pBS-*Bcl-2* 重组质粒酶切分析

【实验器材】

主要仪器：恒温水浴箱、核酸水平电泳槽、电泳仪、自动凝胶成像系统等。

【实验试剂】

1. DNA 底物 实验 21 制备的 *Eco*R I 非定向克隆构建的 pBS-*Bcl-2* 重组质粒。

2. 限制性内切酶 *Eco*R I 及其缓冲液 每种 RE 均配有 2 种缓冲液，在配套的缓冲液中该 RE 均可获得 100%酶切活性。

3. 50×TAE 电泳缓冲液 取 Tris 24.2g，冰醋酸 5.7mL，0.25mol/L EDTA（pH8.0）20mL，加蒸馏水至 100mL。

4. 6×上样缓冲液 0.25%二甲苯青 FF、0.25%溴酚蓝、30%甘油。30%甘油的作用是增加 DNA 样品密度便于样品沉降到点样孔；0.25%二甲苯青 FF 和 0.25%溴酚蓝是指示染料，指示样品中 DNA 电泳移动的大致位置。

5. 荧光染料 为避免溴化乙锭（EB，此试剂为强致癌物）的污染，可选用相对安全、低毒的 GoldView I 核酸染料代替传统的 EB 染料，其灵敏度与 EB 相当，在价格上比 SYBR®Green I 便宜。GoldView I 核酸染料与 DNA 双链结合后可在紫外线下被激发，发出绿色荧光。一方面可以显示 DNA 带所处位置，另一方面通过测定荧光强度可对 DNA 进行半定量。

使用时，将 100mL 琼脂糖凝胶溶液（浓度为 0.8%）放入微波炉中熔化（需煮沸 2~3 次，每次摇匀，直至溶液彻底澄清，确保凝胶完全熔化），待冷却至 60℃左右，加入 10μL GoldView I 核酸染料（10 000×），轻轻摇匀后倒胶（避免产生气泡），待凝胶完全凝固后上样电泳，电泳完毕在紫光灯下观察。[注意：①含有 GoldView I 的凝胶不适于进行凝胶回收实验；若要进行回收实验，可使用 GoldView II 核酸染料。②GoldView I 适合大片段 DNA 的检测，当 DNA 片段低于 500bp 时，荧光强度可能会很弱或检测不到；如果检测小片段的 DNA，可选用 GoldView II 核酸染料，该染料适合于检测所有大小片段的 DNA，但价格较昂贵。③虽然动物实验尚未发现 GoldView I 有致癌作用，但该染料酸性较强，对皮肤、眼睛会有一定的刺激，操作时应戴手套。]

6. DNA 分子量标准 标准分子量主要是在 DNA 酶切产物电泳时用于指示 DNA 带的分子量大小。

【实验步骤】

1. 酶切反应 将 10×H 缓冲液 2μL、质粒 DNA 样品 5μL（2μg）或基因组 DNA（2μg）、*Eco*R I 5~10U 加至 0.5mL 离心管中，加灭菌水至 20μL，加盖，混匀后稍离心，37℃水浴反应 1h。[注意：RE 一定要在低温（−20℃）下贮存，因含 50%甘油，在此温度下一般不会结冰。新购的大包装酶，应先分装。每次吸取后均应将 RE 管放在冰盒内，用完后立即放在−20℃，每次取酶应使用新的灭菌 tip 头，避免污染。]

2. 1%琼脂糖凝胶电泳检测酶切结果 取 4μL 6×上样缓冲液加入酶切产物，混匀后上样，120V 恒压电泳 30min。

3. 观察结果 取出内槽，在紫外分析仪的玻璃平板上小心推出凝胶，通过防护屏或戴防护眼镜观察紫外灯透射的结果，DNA 存在处应显出亮绿色荧光条带，可观察到酶切与未酶切后的 DNA 带的泳动位置。

4. 拍摄凝胶照片 可利用数码相机或自动凝胶成像仪进行拍摄。

【结果与分析】

1. 记录观察的电泳图谱，标出 Marker 各条带及实验组各条带 DNA 分子量大小。

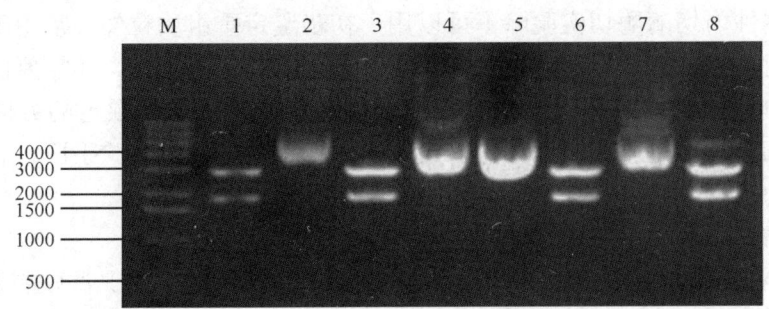

图 3-6 质粒 DNA 的酶切鉴定电泳

M：DNA Marker；1、3、6 泳道：已被酶切的质粒；2、4、5、7 泳道：未被酶切的质粒；8 泳道：不完全酶切的质粒

电泳结果如图 3-6。请仔细观察，与 Marker 条带相比较，酶切质粒与未酶切质粒的电泳条带所处位置。

2. 综合前面的实验，请对以上电泳图谱进行分析。

（1）质粒提取实验中是否成功提取到质粒？为什么？

（2）提取得到的质粒是重组质粒还是空质粒载体？为什么？

（3）如何判断酶切是否完全？若酶切不完全，请分析可能的原因。

（4）与其他组相比，本组所提质粒的纯度和得率如何？

3. 如何鉴定目的片段是正向插入还是反向插入质粒载体？

【方法评价】

1. 限制性内切酶酶切分析是基因工程中鉴定的第一步，如果酶切电泳条带与设计相符，可以初步确定目的基因插入了载体，下一步就是进行测序鉴定。如果与设计不相符的话，就表明前面实验是有问题的，所以酶切分析常用于初步鉴定。除酶切分析外，还可以用 PCR 法进行初步分析。酶切分析具有简便、快速等优点。

2. 进行 DNA 酶切时，要在其最适温度下（大多数为 37℃）进行。最好是用每一种酶的专用缓冲液，以达到最佳酶切效率。如遇两种酶酶切应先用低盐缓冲液再用高盐缓冲液，或一种酶切结束后加 TE 至 400μL，再进行酚/氯仿抽提、乙醇沉淀或凝胶回收纯化，重新建立第二个酶切反应体系。

3. 进行大量酶切时，先要确定 RE 的浓度。一般 1U 的 RE 于 37℃ 条件下作用底物 DNA 1h 以上可切割 1μg DNA。一般来说，要用 2～3 倍的酶量才能保证完全消化，对基因组 DNA 尤其如此。

4. 如底物选用的是基因组 DNA，酶切效果是否完全可通过紫外光观察结果来判断，如看到 DNA 片段呈均一递减的区带，则表示酶切完全。对多个样品基因组 DNA 分别酶切电泳进行拍照，绘制出多个样品的 DNA 限制性内切酶图谱，可用于基因诊断。

【实验应用】

限制性内切酶酶切实验除了可以用于初步鉴定重组质粒外，常用于构建重组载体时对空载体和目的基因进行酶切。如果需要定向连接，还需要同时用到两种限制性内切酶进行双酶切，使空载体与目的基因能按预定的方向进行连接。酶切与连接是基因工程中进行最多、用途最广的两种实验手段，它们是基因工程的基石。

【知识拓展】

DNA 限制性内切酶酶切图谱，又称 DNA 的物理图谱，指某些限制酶的酶切位点在 DNA 链上的出现频率和它们之间的相对位置，表现出各种酶切位点的线性序列，是 DNA 分子结构特性的反映。在 DNA 序列分析、基因组的功能图谱绘制、DNA 的无性繁殖、基因文库的构建等工作中，都需要建立 DNA 限制性图谱。

DNA 限制性图谱是从分子水平上探讨基因结构、核苷酸序列、基因表达调控等生物功能的基础，是分子克隆、生物进化研究、医学上遗传性疾病机制的研究和诊断等的有效工具。临床上某些遗传病是由于基因的缺失、插入或突变所致，可造成 RE 酶切位点的改变，故当用特定的 RE 切割时，其切开的片段（分子量）大小与正常人发生差异，即 DNA 限制性图谱发生改变，据此可达到基因诊断的目的。

构建 DNA 限制性图谱的方法有多种。通常是使用多种限制性内切酶对某一特定的 DNA 分别单酶切或不同组合的多种酶同时酶切，再通过聚丙烯酰胺凝胶电泳将酶切片段分开，这些酶切片段的大小可通过 DNA Marker 来确定。通过综合分析酶切片段大小来确定各种酶的酶切位点及 DNA 片段的相对位置。一般所用的限制性内切酶种类越多，制作的图谱就越完善、准确，也具有较大的参考价值。

随着第三代测序技术的出现，全基因组测序的成本越来越低，通过测序结合软件分析可以非常简便、快速地获得最精确、最完善的 DNA 限制性图谱，未来有可能会取代传统的酶切分析方法。

【学生目标考核】

1. 能独立操作质粒 DNA 的酶切鉴定实验，包括酶切体系的配制、琼脂糖凝胶的制作及上样等电泳操作，会选择合适范围的 DNA Marker。

2. 能根据酶切结果综合分析所提取的质粒是否为重组质粒，能判断所提取质粒的相对纯度和得率。

3. 能分析酶切失败或酶切不完全的原因。

4. 知道如何鉴定目的片段是否正向插入载体。

（张春龙）

实验 23　外源基因在大肠埃希菌中的诱导表达

【实验目的】

1. 掌握外源基因在原核细胞中表达的原理。
2. 了解外源基因在原核细胞中表达的特点、方法和培养诱导过程。

【实验原理】

pT7-7 是利用 T7 噬菌体 RNA 聚合酶/启动子系统构建的一个原核表达载体，含编码 Amp 抗性基因的序列和 Col E1 复制起点。pT7-7 的多克隆位点序列上游有强核糖体结合位点（ribosomal binding site，RBS）和起始密码子（ATG）。使用该载体很容易构建得到克隆目的基因 cDNA 的全编码区序列，从而可表达得到完整的天然蛋白。pT7-7 被推荐为缺乏强 *rbs* 基因的表达载体，CK2 是存在于真核细胞中的一种蛋白激酶，其缺乏强 *rbs* 基因。本载体常用的宿主菌为表达菌 BL21（DE3），该菌株含有异丙基-β-D-硫代半乳糖苷（isopropy-β-D-thiogalactoside，IPTG）诱导的 T7 RNA 聚合酶基因，因此可用 IPTG 诱导表达。

【实验器材】

主要仪器：恒温摇床、低温冷冻离心机、UV-2100 型紫外-可见光分光光度计等。

【实验试剂】

1. 重组表达工程菌　本实验选用人 CK2β 亚基 cDNA 的重组质粒（pTCKB）转化表达菌株 BL21（DE3）后得到的克隆菌落。已通过提取转化菌株中的质粒 DNA 进行限制性内切酶酶切和 DNA 序列分析，且已证实该转化菌落中含完全正确的 CK2β 亚基全编码区序列的重组质粒。

2. 含 Amp 的 LB 液体培养基　称取 10g 胰蛋白胨、5g 酵母提取物、5g NaCl 加三蒸水溶解至 1000mL，高压蒸汽灭菌消毒，冷却后加 Amp 至浓度为 75mg/L。

称取 238.3mg IPTG，加三蒸水至 10mL，浓度即为 100mmol/L（此为 100 倍的贮存液）。用 0.22μm 滤膜过滤除菌，以每管 1mL 分装后于−20℃保存。IPTG 是 β-半乳糖苷酶的底物类似物，有很强的诱导能力，可与阻遏蛋白结合，阻止阻遏蛋白与操纵基因结合，从而促进转录，诱导蛋白表达。

【实验步骤】

1. 从转化菌落（由实验 20 得到）中挑取单菌落（注意：只需挑取 1~2 个单菌落即可，若挑取的菌落过多可使 A_{595} 值偏高，影响 IPTG 对外源基因的诱导表达），加 5mL 含 Amp 的 LB 培养液振荡培养过夜（安排 1 组学生做）。

2. 次日取 5μL 过夜培养菌，加 2mL LB 培养液（含 Amp），于 37℃恒温摇床剧烈振荡培养（安排每组做 2 管）。

3. 待 A_{595} 值达 0.4~0.6（约 3h）时，一支试管加 IPTG 至终浓度为 1mmol/L 进行诱导表达，另一支试管不加 IPTG 作为对照（注意：当一些特定的载体和菌株用于特定的外源基因表达分析时，为提高表达效率，最好通过预实验选定合适的 IPTG 诱导浓度和时间）。

4. 两支试管均继续培养 3h（建议安排在中午）后，分别收获细菌于 1.5mL 离心管中（收集 1mL 左右）。

5. $4000 \times g$，4℃离心 10min，分离出沉淀和上清液。

6. 采用 SDS-PAGE 电泳（参见实验 14）、Western blot（参见实验 24）对沉淀、上清液及转化粗提物中的外源蛋白表达水平进行分析[注意：若沉淀分离出后不能及时进行外源蛋白表达水平分析，可用 1mL 生理盐水（含 0.2mmol/L PMSF）洗涤 1 次，离心弃上清液后将沉淀置于-20℃冻存备用]。

【结果与分析】

1. 结果　在 IPTG 诱导下人 CK2β 蛋白在大肠埃希菌中可得到特异高效表达，新表达蛋白的分子量为 26kD（图 3-7，第 1 泳道），未用 IPTG 诱导时 CK2β 蛋白表达水平很低（图 3-7，第 2 泳道）。转化粗提物经离心后，沉淀中 CK2β 蛋白表达水平很高（图 3-7，第 3 泳道），但上清液中 CK2β 蛋白表达水平很低（图 3-7，第 4 泳道），说明本实验中 CK2β 蛋白主要以包涵体（inclusion body）的形式表达。

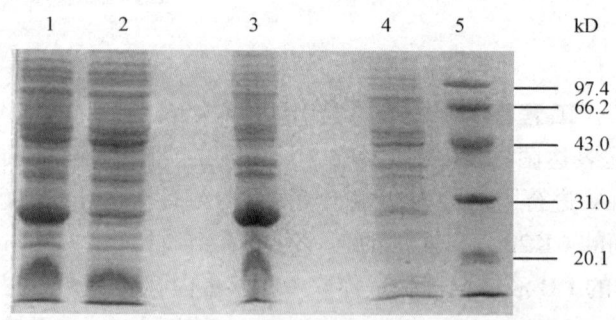

图 3-7　pTCKB 转化菌中重组人 CK2β 亚基的表达

1. 转化粗提物（IPTG 诱导）；2. 转化粗提物（未用 IPTG 诱导）；3. 离心后的沉淀（IPTG 诱导）；4. 离心后的上清液（IPTG 诱导）；5. 蛋白质分子量标准

2. 思考题

（1）实验过程中如何选择合适的载体和菌株？

（2）挑取菌落时需注意哪些问题？

（3）如何选择 IPTG 诱导的最适浓度和时间？

（4）如何解决包涵体问题？

（5）可采取哪些措施使外源基因获得理想表达？

【实验应用】

本实验是科学研究中许多外源基因表达的一种重要技术，其除可用于 CK2β 在大肠埃希菌中的表达外，通过改变表达载体和菌株还可用于其他目的基因在原核生物中的表达，因此具有广泛的应用前景。

【方法评价】

1. 优点

（1）大肠埃希菌表达体系是目前采用最多的原核表达体系，主要具有培养方法简单、迅速、经济且又适合大规模生产的优点。

（2）外源基因在 T7 RNA 聚合酶控制下的表达，与依赖大肠埃希菌 RNA 聚合酶表达系统相比，T7RNA 聚合酶/启动子表达系统有许多优越之处：①T7 RNA 聚合酶合成 RNA 的速度数倍于大肠埃希菌 RNA 聚合酶，并较少发生转录终止；②T7 RNA 聚合酶只识别自身的启动子序列，不能启动大肠埃希菌 DNA 任何序列的转录；③T7 RNA 聚合酶对抑制 RNA 聚合酶的抗生素（如利福平）有抗性，可使 T7 噬菌体启动子控制下的基因得到充分表达。在适宜的条件下，使用该表达载体表达的基因产物可占细胞总蛋白的 25%以上。

2. 缺点

（1）由于缺乏转录后加工机制，原核系统只适合表达克隆的 cDNA，不宜表达真核基因组 DNA。

（2）由于缺乏适当的翻译后加工机制，原核系统表达的真核蛋白不能形成正确的折叠和进行糖基化、磷酸化、乙酰化等修饰。

（3）原核系统表达的真核蛋白常以包涵体形式存在，需经过变性、复性处理，才能恢复生物活性。

（4）原核系统难以大量表达分泌性蛋白，而且在切除信号肽时也易出现问题。

（5）原核系统中表达的真核蛋白不稳定，易被细菌蛋白酶降解。

（6）原核细胞在培养过程中产生的内毒素难以排出，易污染表达产物，影响产品纯度。

【知识拓展】

原核表达系统就是将克隆的外源基因导入原核细胞，使其在细胞内快速、高效地表达基因产物，主要有大肠埃希菌、芽孢杆菌及链霉菌系统等，其中大肠埃希菌是采用最多的原核表达系统。要实现外源基因在原核细胞中的高效表达需考虑外源基因的性质、表达载体的特点及原核细胞的启动子和 SD 序列等诸多因素。

1. 对外源目的基因的要求　克隆基因要在原核细胞中获得有效表达，必须满足以下基本条件。

（1）外源真核基因不能带有 5′端非编码区和内含子结构，因而必须用 cDNA 或化学合成基因，而不能用基因组 DNA。

（2）外源基因必须置于原核细胞的强启动子和 SD 序列等元件的控制下，从而调控其基因表达。

（3）外源基因与表达载体重组后，必须形成正确的开放阅读框架（open reading frame，ORF），以利于外源基因的正确表达。

（4）外源基因转录生成的 mRNA 必须相对稳定并能被有效翻译，所表达的蛋白质产物不能对宿主菌有毒害作用，且不易被宿主的蛋白酶降解。

2. 对原核表达载体的要求　根据外源基因在原核细胞中表达所需的必要条件和影响表达量的因素，一个成功的原核表达载体必须具备的调控元件主要有如下几种。

（1）强启动子：产生大量与克隆基因互补的 mRNA。常用的启动子有 *trp-lac* 启动子、λ噬菌体 P_L 和 P_R 启动子及 T7 噬菌体启动子等。

（2）RBS（SD 序列）：在 mRNA 上距起始密码子 AUG 上游 3～10 个碱基处，有一段 3～9 个碱基组成的富含嘌呤核苷酸的序列，其正好与 16S rRNA 3′端富含嘧啶核苷酸的序列互补，是核糖体 RNA 识别和结合的部位，称为 RBS（SD 序列）。如果没有 SD 序列，mRNA 就不能翻译。SD 序列与 AUG 之间的距离也能影响 mRNA 翻译成蛋白质的效率，一般认为以 5～13 个碱基为宜。所以在表达载体中应含有相应的 SD 序列及适当长度的 SD-ATG 间隔。

（3）终止子：在基因或操纵子的 3′端，常有一段特定的核苷酸序列，具有终止转录的功能，该序列称为终止转录子，简称终止子。在表达载体内，终止子多位于多克隆位点的下游。

（4）筛选标志基因和其他一些调控基因：不同载体的调控基因不同，可产生不同的基因产物。

3. 常用表达载体

（1）融合型表达载体：可将外源基因插入至一段原核序列 3′端，最终产生融合型表达蛋白。

（2）非融合型表达载体：非融合型表达载体中外源基因从 ATG 开始直接在原核调控元件控制之下，可产生天然完整蛋白。

（3）分泌型表达载体：分泌型表达载体将蛋白分泌出胞膜，避免被宿主细胞的蛋白酶降解，是一种十分有用的载体。

4. 外源基因在原核细胞中的表达　当选用适当的方法通过原核表达载体的

介导，将外源基因导入宿主细胞后，在细胞调节元件控制下即可产生出融合型、非融合型或分泌型表达蛋白。在实际工作中，可根据目的蛋白的性质、用途及所用载体的特点，选择不同的表达方式。

（1）融合型表达蛋白：所谓融合型表达是指将外源目的基因与另一基因（可以是原核 DNA 或其他 DNA 序列）相拼接构建成融合基因进行表达，这种由原核生物多肽或具有其他功能的多肽和外源目的蛋白结合在一起的蛋白，即为融合蛋白（fusion protein）。可通过酶解法或化学降解法切除融合蛋白中的原核多肽或具有其他功能的多肽而获得外源目的蛋白。采用融合型方式表达蛋白质时，需选用融合型表达载体。

（2）非融合型表达蛋白：指外源目的基因不与另一基因融合，直接从起始密码子 AUG 开始在原核调控元件控制之下表达蛋白质。采用非融合型方式表达蛋白质时，需选用非融合型表达载体。

（3）分泌型表达蛋白：分泌型表达是利用分泌型表达载体将表达的蛋白质由细胞质跨膜分泌到细胞外，这需要在信号肽的帮助下进行。信号肽是由 15～30 个氨基酸残基组成的多肽，当外源蛋白的 N 末端与信号肽连接时，信号肽可引导蛋白质穿过细胞膜，自身被信号肽酶水解，释放出外源蛋白。

分泌型蛋白可以是融合蛋白，也可以是非融合蛋白。分泌型表达不仅可防止宿主蛋白酶对外源表达蛋白的降解，而且也能够减轻大肠埃希菌代谢负荷和便于蛋白质在细胞外的正确折叠和提纯。但分泌型蛋白的表达量往往较低，且有时信号肽不能被切除或在错误的位置上被切除。

（4）包涵体：当大肠埃希菌高效表达外源基因时，所表达的蛋白质致密地集聚在细胞内，或被膜包裹或形成无膜裸露结构，这种水不溶性的结构称为包涵体。包涵体是无定型的蛋白质聚合物，其中50%以上是基因克隆的表达产物，这些产物在一级结构上是正确的，但在空间结构上有错误。包涵体的成分除目的蛋白外，主要有宿主细胞蛋白及膜蛋白片段，此外还含有少量的 DNA、RNA 和脂多糖等非蛋白分子。包涵体的形成有利于外源基因表达产物的分离纯化，也能在一定程度上保持表达产物的结构稳定，防止细菌蛋白酶的降解，同时也使得宿主细胞能够表达对其有毒或有致死效应的目的蛋白。但是以包涵体形式表达的重组蛋白丧失了原有的生物学活性，因此必须通过有效的变性、复性操作，以获取天然的、有活性的目的蛋白。

外源蛋白在细菌中高水平表达形成包涵体后，可通过裂解细菌释放包涵体。裂解产物经离心后，分离沉淀（其中含有包涵体）。沉淀中的包涵体可用 Triton-X100/EDTA 或尿素溶解，为获取可溶性的活性蛋白，须将包涵体溶解蛋白进行重折叠。根据不同的蛋白种类，须采用不同的方法，如 5～8mol/L 的盐酸胍、6～8mol/L 的尿素、SDS 等，具体情况需根据预实验确定。

为提高蛋白质复性效率，在溶解包涵体时应注意：①尽量提高包涵体的纯度；②尽量充分溶解，并使蛋白质完全还原；③必要时加入还原剂；④分阶段降低变性剂的浓度，并使变性剂保持在适当浓度，以抑制蛋白质的聚集，防止分子间错误的二硫键形成；⑤使用氧化还原缓冲液；⑥在复性时，应选择最适的蛋白浓度、pH、温度、盐的种类和离子强度等。

如要避免包涵体的产生，可尝试改变诱导条件，如降低培养温度（在20～30℃下培养）、降低诱导物浓度、缩短诱导时间、在细胞达到较高密度后再进行短时间诱导、增加通气等。如果改变诱导条件仍不能达到目的，则可尝试采用分泌型的表达载体，如 pMALp2 系列载体。

5. 促使外源基因获得理想表达可采取的措施

（1）改用融合表达蛋白载体以提高表达的稳定性和产量。

（2）改用更强的启动子以提高 mRNA 产量，并在基因下游加入稳定 mRNA 的强转录终止子。

（3）调整 RBS（SD 序列）和 AUG 之间的距离。

（4）改用蛋白酶缺陷型宿主菌或在宿主菌内表达蛋白酶抑制剂，以减少表达蛋白的降解。

（5）改用分泌型表达以减少反馈抑制或蛋白酶的降解。

（6）使用诱导表达，适时加入诱导物可防止过早大量表达外源基因而影响宿主细胞的繁殖。不同的表达载体因启动子不同诱导表达的方法也并不完全相同，要根据具体情况而定。如果表达载体的原核启动子为 PL 启动子，则可采用温度诱导法。温度诱导法为：将细菌在 30～32℃下培养数小时至 A_{595} 值达 0.4～0.6 时，迅速将温度升至 42℃继续培养 3～5h 即可诱导外源基因的表达。

（7）根据密码子的简并性，在人工合成的基因中使用大肠埃希菌的偏爱密码子。

（8）以定位突变消除 RBS 附近可能的二级结构。重建基因 5′端，加大其 A 和 T 的含量而保留所编码的蛋白质序列，以减少二级结构，提高翻译效率。

【学生目标考核】

1. 掌握外源基因在原核细胞中表达的基本原理及该方法的优缺点，知道大肠埃希菌表达体系是目前采用最多的原核表达体系，懂得克隆基因要在原核细胞中获得有效表达所必须满足的条件，知道可采取哪些措施促使外源基因获得理想表达，基本了解如何解决包涵体形成的问题。

2. 熟练掌握转化菌的挑取、振荡培养、IPTG 诱导等技术，知道挑取菌落时需注意的问题，懂得如何选择 IPTG 的最适诱导浓度和时间，初步了解不同的表达载体应根据其启动子选择不同的诱导表达方法。

3. 掌握常用载体的种类，了解如何选择合适的载体和菌株，并能初步根据自己的科研方向选择合适的载体和菌株，而且还能初步制订出相应的诱导表达方案。

（唐旭东）

实验 24　免疫印迹检测

【实验目的】
1. 掌握免疫印迹的原理。
2. 熟悉免疫印迹的基本操作方法。

【实验原理】
　　免疫印迹（immunoblotting），又称为 Western blot，是由 SDS-PAGE 电泳、蛋白质转印和固相免疫测定三项技术结合而成的。蛋白质经 SDS-PAGE 电泳后根据相对分子量大小分离成不同的条带，分离蛋白质通过不同的印迹方式（主要为电泳印迹法）转移至硝酸纤维素（nitrocellulose，NC）膜等固相支持物上，并保持其生物学活性不变；在固相支持物上相应抗体与被分离蛋白质作用，首先第一抗体与固相支持物上相应的蛋白质结合，用漂洗液洗去未结合的第一抗体后，再用辣根过氧化物酶（horseradish peroxidase，HRP）、碱性磷酸酶或放射性核素等标记的第二抗体（本实验用 HRP 标记的第二抗体）与之结合，用漂洗液洗去未结合的第二抗体后，采用化学发光、底物显色或放射自显影等相应方法（本实验采用化学发光法）检测特异性的靶蛋白。

【实验器材】
　　主要实验仪器：垂直板电泳仪、转移电泳仪、封膜机、暗盒。

【实验试剂】
1. 电转移缓冲液（pH8.5）　　分别含终浓度为 39mmol/L 甘氨酸、48mmol/L Tris-HCl、0.037% SDS、20%甲醇。

2. 漂洗液（pH7.4）　　称取 Tris 2.42g，NaCl 29.2g，溶于约 800mL 的蒸馏水中，再用 1mol/L HCl 调 pH 至 7.4，加 Tween-20 0.5mL，最后用蒸馏水定容至 1000mL。

3. 封闭液（5%脱脂奶）　　称取脱脂奶粉 5g 溶于漂洗液中，定容至 100mL。

4. 第一抗体　　针对待检测蛋白质的抗体。

5. 第二抗体　　用 HRP 标记的抗第一抗体的抗体。

6. 增强化学发光（enhanced chemiluminescence，ECL）试剂

7. 显影液　　称取 N-甲基-对氨基苯酚硫酸盐 2g，无水亚硫酸钠 100g，对苯二酚 5g，十水合四硼酸钠（$Na_2B_4O_7 \cdot 10H_2O$）2g，用约 52℃温水 750mL 溶解后，再加冷水至 1000mL。过滤后，置于棕色瓶中室温避光保存。若放于 4℃冰箱中将延长使用时间。

8. 定影液　　称取结晶硫代硫酸钠 250g，用 60～70℃热水 500mL 溶解后，再加冷水至 1000mL。过滤后，盛于棕色瓶中室温避光保存。若放于 4℃冰箱中将延长使用时间。

【实验步骤】

1. SDS-PAGE 电泳 参见实验 14。

2. 转膜 以电泳印迹法（又称为电转移法）为例。

SDS-PAGE 电泳结束后，小心剥离凝胶并切除一角作为标记，根据凝胶的大小，剪好一张适当大小的 NC 膜和 6 张新华滤纸，用电转移缓冲液浸泡滤纸、凝胶、海绵 20min［注意：在将 NC 膜放入电转移缓冲液浸泡前，最好用字迹不易扩散的圆珠笔在一角做好标记（正反和加样顺序标记），以便明确正反面（如标记面为正面）和加样顺序（如标记端为第一个样品加样端）］。将电转移装置的黑色多孔塑料夹放在最底层，再依次放置海绵、3 层滤纸、凝胶、NC 膜、3 层滤纸、海绵、无色多孔塑料夹（俗称"三明治"），赶走气泡（因气泡会影响转移效果），合拢夹子放入电转移槽中（黑的靠黑的，白的靠红的），按凝胶侧阴极，NC 膜侧阳极连接好电极（注意：阴阳极不要搞错，以免蛋白质丢失）。加上电转移缓冲液，于 4℃冰柜中进行电转移，恒流 90mA，转移约 12h，或室温恒压 100V 转移约 1h（注意：电转移时间视蛋白质分子量的大小及电荷情况而不同，需预先摸索）。转膜结束后的 NC 膜可用丽春红 S 染色，以便观察转移情况、标注条带和 Marker 位置，染色后用水或漂洗液可去除染料，不会影响后续实验。但注意不是所有蛋白质都可与丽春红 S 染料结合。

3. 封闭 转移完毕，关闭电源，将 NC 膜取出置于平皿中，加入漂洗液洗涤 3 次，倾去漂洗液后，加入 5%脱脂奶粉在摇床上室温封闭 2h 以上或在 4℃条件下封闭过夜。

4. 加入第一抗体 封闭结束后，将膜转移至一个可加热封口的塑料袋中，按 $0.1mL/cm^2$ 的量加入适量的第一抗体（第一抗体的稀释度取决于抗体的效价，一般在 200~3000 倍，按试剂说明书进行），在封膜机上封口后，在平缓摇动的摇床上室温孵育 2h 或在 4℃条件下孵育过夜。一般来说，第一抗体在 4℃条件下反应过夜背景较好。

5. 洗涤 剪开塑料袋，将 NC 膜放入平皿中，用漂洗液洗涤 3 次，每次 5~10min。

6. 加入第二抗体 将 NC 膜放入另一个新的可加热封口的塑料袋中，按 $0.1mL/cm^2$ 的量加入 HRP 标记的第二抗体（第二抗体的稀释度取决于抗体的效价，一般在 1000~10 000 倍，按试剂说明书进行）。封口后，于平缓摇动的摇床上室温反应 1h。

7. 洗涤 同 5。

8. 化学发光、显影、定影 于暗室中，将 ECL 试剂的 A、B 液在一个小平皿中等量混合，按 $0.125mL/cm^2$ 的量加于 NC 膜上，室温反应 1~5min（视蛋白质的表达情况而定）。取出 NC 膜，滤干，夹于暗盒中。剪取适当大小的 X 线片覆盖于膜上，曝光适当时间（视情况而定）后，取出 X 线片，进行显影、定影

（注意：NC 膜对 X 线片的曝光时间取决于膜上被检测蛋白质的含量，因此可采取不同的曝光时间以获得最好的曝光效果）。

【结果与分析】

1. 结果　可在 X 线片相应位置得到清晰的条带。

2. 分析　可将条带扫描，并用软件（如 BandScan）分析条带的灰度值，从而可对相应的蛋白质表达量进行半定量分析。

3. 思考题

（1）主要的转膜方式有哪些？

（2）转膜时应注意哪些问题？

（3）可采取哪些方法来减弱背景？

（4）除化学发光显影外，还有哪些显影、显色方法？

（5）如何对结果进行半定量分析？

【实验应用】

Western blot 可用于检测样品中特异蛋白质的存在、细胞中特异蛋白质的半定量分析及蛋白质分子的相互作用研究等。现以 p-Akt 和 Akt 蛋白表达的分析为例来介绍 Western blot 的实际应用。

在人乳腺癌细胞（MCF-7）中，用终浓度为 40ng/mL 的胰岛素样生长因子（insulin-like growth factor, IGF）-Ⅰ处理无血清培养 24h 的 MCF-7 细胞的不同时间［0（对照）、1/4、1/2、3/4、1、1.5、2、3h］，收集细胞，提取蛋白质，采用 Western blot 分析 p-Akt 和 Akt 蛋白表达随时间的变化情况，结果见图 3-8。从图 3-8 可见 IGF-I 可促进 Akt 的磷酸化（激活），IGF-Ⅰ处理 1h 时 p-Akt 表达水平最高，因此选择用 IGF-Ⅰ处理细胞 1h。

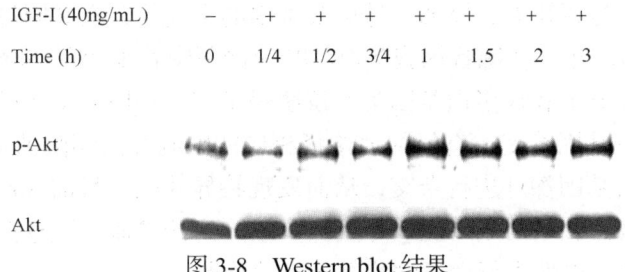

图 3-8　Western blot 结果

【方法评价】

1. 抗原抗体结合后的最后显色、显影法有化学显色法、放射自显影、化学发光法等。化学显色法具有试剂便宜、方法简便等优点，但灵敏度较差，条带不很清晰；放射自显影具有灵敏度较高的优点，但有造成放射性污染的危险性；化学发光法具有操作方便、灵敏度高、安全性好、条带清晰等优点，是现今普遍使用的方法。

2. Western blot 具有与固相免疫测定相似的灵敏度和特异性，而且，若用非放射性核素标记的第二抗体又没有放射免疫测定的放射性污染，还不需要像免疫沉淀一样标记靶蛋白。

【知识拓展】

1975 年 Southern 创建了 DNA 印迹检测技术，他就以自己的姓氏命名了这种检测方法，称之为 Southern blot；后来 Alwine 在此基础上又发展了 RNA 印迹检测技术，由于 RNA 正好与 DNA 是对应的，所以 Alwine 并没有用自己的姓氏来命名，而是以 Southern 所对应的 Northern 命名了这种 RNA 检测技术，称之为 Northern blot，这样谁最早使用 RNA 印迹技术反而少有人知道了；1981 年 Burnette 又成功地将 SDS-PAGE 胶中的蛋白质转印到膜上进行免疫学分析，Burnette 也没有用自己的姓氏来命名，而顺着这个思路将其命名为 Western blot；这就是为什么我们学习 DNA、RNA 和蛋白印迹技术时，它们的名称怎么都与"方向"有关的由来。从东南西北四个方向来讲，还缺少一个 Eastern blot。其实后来有人提议将等电聚焦电泳（isoelectric focusing，IEF）中的蛋白质转印到膜上的技术称为 Eastern-blot，但这一建议并未被广泛接受。

1. Southern blot

（1）原理和操作过程：Southern blot 是将提取出的 DNA 样品先经限制性内切酶消化后进行琼脂糖凝胶电泳，再将含有 DNA 区带的凝胶在变性溶液中变性，再通过毛细管印迹法将变性的 DNA 从凝胶中转移到杂交膜上。转移完成后，在 80℃真空条件下加热或在紫外交联仪内处理使 DNA 固定于杂交膜上，然后与标记的核酸探针杂交，最后用相应的显色、显影方法观察杂交结果。

（2）应用：①主要用于基因组 DNA、重组质粒和噬菌体的定性和定量分析等；②广泛应用于基因诊断：该技术不仅可以用来检测 DNA 样品中是否存在某一特定的基因，而且还可获得基因片段的大小及酶切位点的分布信息，因此可用于确定目标基因是否缺失、增加、易位及基因的突变等，在基因诊断中具有重要作用。早在 1978 年，在镰状细胞贫血的基因诊断中就采用了 Southern blot。镰状细胞贫血患者由于 β-珠蛋白基因第 6 位密码子 GAG 中的 A 被置换为 T 而成为 GTG。根据这一基因突变，有目的地选择相应的限制性内切酶消化样品 DNA，然后与 β-珠蛋白基因探针进行杂交，从而发现特异片段。目前 Southern blot 主要用于镰状细胞贫血、苯丙酮尿症、珠蛋白合成障碍性贫血、进行性假肥大性肌营养不良、血友病、慢性进行性舞蹈症等的产前诊断。

2. Northern blot

（1）原理：Northern blot 的原理同 Southern blot 基本相同，只是转移的分子是 RNA。由于 RNA 分子量较小，在转移前不需要用限制性内切酶进行消化，变性 RNA 的转移效率也较高。但 RNA 不如 DNA 稳定，易被 RNase 降解，RNase 不仅广泛存在，而且加热至 100℃也不能使其灭活，因此在操作时，所有的器皿和溶液都必须经过严格处理（如用 DEPC 处理）以消除 RNase 的干扰。另外，RNA 电泳必须在含甲醛或戊二醛变性胶中进行。

（2）应用：Northern blot 目前主要用于检测某一组织或细胞中已知的特异mRNA 的表达水平，也可以比较不同组织和细胞中同一基因的表达情况。①在蛋白质组学中的应用：由于 RNA 是基因开放或关闭的标志物，因此在蛋白质组学的研究中，用于机体不同发育阶段、同一组织不同状态（正常和疾病）基因表达的差异显示研究。②在肿瘤早期诊断中的应用：对于同一组织或器官不同状态基因表达差异的分析将会揭示癌基因或抑癌基因在肿瘤发生与发展过程中的表达特征，从而为肿瘤的早期诊断提供可行性方法。

印迹技术不仅可用于核酸的分子杂交，而且也可用于蛋白质的分析。Southern blot、Northern blot 和 Western blot 的比较见表 3-9。

表 3-9　三种印迹技术的比较

	Southern blot	Northern blot	Western blot
样品	DNA	RNA	蛋白质
限制性内切酶消化	需要	不需要	不需要
电泳	琼脂糖凝胶电泳	琼脂糖凝胶电泳	SDS-PAGE 电泳
变性	碱变性	甲醛或戊二醛变性	高温变性
转移膜	NC 膜或尼龙膜	NC 膜或尼龙膜	NC 膜或 PVDF 膜
紫外交联仪等固定	需要	需要	不需要
杂交物	标记探针	标记探针	抗体

3. 其他印迹技术

（1）斑点印迹（dot blot）：与 Southern blot、Northern blot 的主要区别是不经电泳分离而直接将 DNA 或 RNA 样品点样于 NC 膜或尼龙膜上用于杂交分析。与 Southern blot、Northern blot 相比，斑点印迹具有简便、快速，可以在同一张膜上进行多个样品检测的优点。但此法不能鉴定所检测核酸的分子量。

（2）原位杂交（in situ hybridization）：是直接用组织切片或细胞涂片进行杂交的方法，可用于检测组织切片或细胞内某些特异性核苷酸或核酸片段。其特点是不需要从组织、细胞中提取 DNA 或 RNA，就能直接对成分复杂的组织、细胞中的 DNA 或 RNA 进行分析，并可保持组织、细胞形态的完整。由于原位杂交的灵敏度高，因此其特别适用于组织细胞中低丰度核酸的检测。

（3）DNA 芯片技术（DNA chip）：可将多种已知序列的 DNA 排列在一定大小的尼龙膜或其他支持物上，用于检测细胞或组织样品中是否有与已知序列 DNA 相杂交的核酸。该技术的优点是检测通量大和灵敏度高，可以在同一时间对大量样品进行快速的定性和定量分析。此项技术特别适用于大规模筛查由基因突变引起的疾病、分析不同组织细胞或同一细胞在不同状态下的基因差异表达及大规模筛查基因组单核苷酸多态性（single nucleotide polymorphisms，SNP）。

【学生目标考核】

1. 掌握 Western blot 的基本原理，知道 Western blot 主要用于检测样品中特异蛋白质的存在、细胞中特异蛋白质的半定量分析及蛋白质分子的相互作用研究等。

2. 熟悉 Western blot 的基本操作方法。熟练掌握转膜技术，懂得做"三明治"时如何赶气泡，知道电转移时凝胶侧在阴极，NC 膜侧在阳极。掌握抗原、抗体结合反应技术，知道如何选择第一抗体和第二抗体的最适浓度。熟悉化学发光、显影、定影等技术。懂得如何对结果进行半定量分析。

3. 了解其他的印迹技术，特别是 DNA 印迹技术和 RNA 印迹技术，知道它们分别被称为 Southern blot、Northern blot 的由来，特别是能掌握 Southern blot、Northern blot 和 Western blot 的区别。

（唐旭东）

实验 25　GST pull-down 分析

【实验目的】
1. 掌握 GST pull-down 分析的基本原理。
2. 熟悉 GST pull-down 分析的基本操作流程。

【实验原理】
GST pull-down 是一种在体外检测蛋白质之间直接相互作用的方法。该方法利用重组技术将探针蛋白（X）与谷胱甘肽 S-转移酶（glutathione S-transferase，GST）标签形成 GST-融合蛋白（蛋白 X-GST），再通过 GST 将融合蛋白亲和固化在谷胱甘肽亲和树脂上或谷胱甘肽-琼脂糖珠（glutathione-Sepharose bead）或磁珠上充当"诱饵蛋白"。当待测蛋白（Y）通过层析柱或与此固相复合物（蛋白 X-GST-琼脂糖珠或磁珠）混合温育时，若待测蛋白（Y）与探针蛋白（X）有直接相互作用，待测蛋白（Y）就可与探针蛋白（X）直接结合而被"诱饵蛋白"捕获（故待测蛋白也被称为"捕获蛋白"或"猎物蛋白"），洗脱结合物后通过 SDS-PAGE 电泳，并进一步根据实验目的进行免疫印迹（Western blot）或质谱（LC-MS/MS）分析，可验证两种蛋白间的直接相互作用或筛选相应的目的蛋白（图 3-9）。

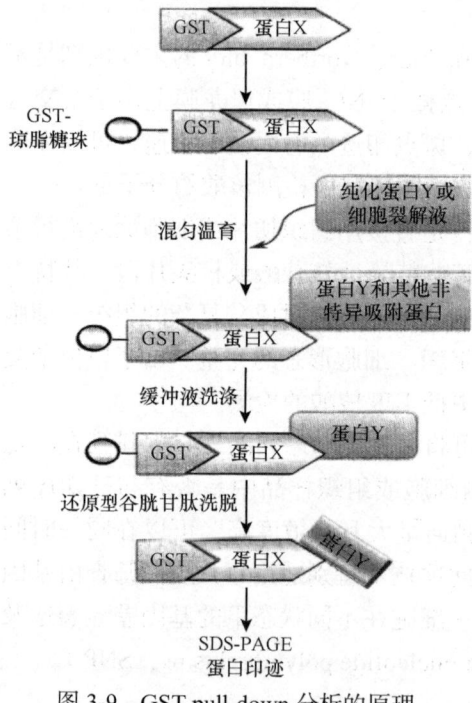

图 3-9　GST pull-down 分析的原理

【实验器材】

垂直板电泳仪、转移电泳仪、封膜机、暗盒、NC 膜、X 线片、磁力架。

【实验试剂】

1. PBS 缓冲液（pH 7.4）：将 NaCl 8g、KCl 0.2g、Na_2HPO_4 1.44g、KH_2PO_4 0.24g，加入 800mL 蒸馏水，用 HCl 调节溶液的 pH 至 7.4，最后加蒸馏水定容至 1000mL，混匀，高温高压灭菌后 4℃保存备用。

2. GST pull-down 分析试剂盒（Promega 公司产品 V8870、V8871、V8872）。

3. SDS-PAGE 电泳所需试剂：参见实验 14。

4. Western blot 相关试剂：参见实验 24。

【实验步骤】

"诱饵蛋白"和"猎物蛋白"均可通过细胞裂解物、纯化蛋白、重组表达及体外转录/翻译系统获得。

若"诱饵蛋白"采用原核表达获得，GST pull-down 分析的主要流程包括：GST-诱饵蛋白原核表达载体的构建、诱饵蛋白的原核表达、蛋白的纯化、GST pull-down 捕获"猎物蛋白"、SDS-PAGE 电泳、Western blot 或 LC-MS/MS。

Promega 公司生产的 GST pull-down 分析试剂盒采用转录/翻译反应制备"猎物蛋白"，并用 Magne GST^{TM} 磁珠（磁性颗粒）进行磁力捕获，现在用得较为广泛。下面附其主要操作步骤。

一、TNT® T7 Quick 转录/翻译反应制备捕获蛋白技术

1. 从-70℃冰箱取出 V8871 试剂解冻，RQ1 DNase 第一次使用后可放置在 -20℃保存（注意：TNT® T7 Quick Master Mix 手温溶解或在冰上溶解，其他样品室温溶解后在冰上放置）。

2. 按表 3-10 加样，获得"猎物蛋白"，30℃孵育 60~90min。

表 3-10　获得"猎物蛋白"的加样

组分	体积
TNT® T7 Quick Master Mix	40μL
不用 ^{35}S 甲硫氨酸（1mmol/L）	1μL
质粒 DNA 模板（0.5μg/mL）	2μL
无核酸酶水	加至 50μL

二、GST-融合蛋白固定到 Magne GST^{TM} 颗粒上的相关技术

实验组：1mL GST-融合蛋白细菌培养物

对照组：1mL GST 蛋白细菌培养物（注意：低表达蛋白需要加大样品量）；Magne GST^{TM} 颗粒本身也可以作为阴性对照。

1. 细菌裂解步骤

（1）从 1mL 左右菌液中收获细菌，加入 Magne GST™ 细胞裂解液之前先冻融细菌可增加某些菌种的裂解效果，如 BL 21 菌种，方法可选用：−20℃冷冻 15～20min 或干冰冷冻 5～10min。

（2）室温中，在每个菌液中加入 Magne GST™ 细胞裂解液 200μL，吹打并重悬浮菌液。

（3）加入 RQ1 DNase（无 RNase）2μL（注意：该步骤可增加 GST-融合蛋白纯度并降低蛋白黏度，若加入 5μL 可明显降低黏度，但是也可以省略该步骤）。

（4）25℃放置在平面摇床上，缓慢振荡，孵育 20～30min。

2. Magne GST™ 颗粒平衡步骤

（1）上下颠倒 Magne GST™ 颗粒使其重悬浮成均匀液体。

（2）取已充分重悬浮的 Magne GST™ 颗粒 20μL 置于 1.5mL 离心管中（注意：在诱捕捕获蛋白时不要让 Magne GST™ 颗粒放置过久，若放置过久可由于沉淀而降低结合效率）。

（3）将 1.5mL 离心管放在磁力架上，一般几秒钟就可发生磁性捕获。

（4）小心弃掉上清液。

（5）加入 Magne GST™ 结合/洗涤缓冲液 250μL，用移液枪吹打数次使其重悬，或上下颠倒数次（注意：Magne GST™ 结合/洗涤缓冲液是 pH7.4 PBS 缓冲液）。

（6）重复（3）～（5）步骤 2 次，共需要洗涤 3 次。

3. 结合步骤

（1）完成以上步骤，加入 Magne GST™ 结合/洗涤缓冲液 100μL 并上下颠倒重悬浮颗粒（注意：加入 1% BSA 或 5% IGEPL CA-630 可减少非特异性结合及可能的潜在背景，BSA 的使用量最好根据特定的目的蛋白进行优化）。

（2）在 Magne GST™ 颗粒重悬浮液中加入 200μL 细胞溶菌产物（细菌裂解步骤中获得）。

（3）在旋转平台上室温孵育 30min（轻轻混匀）。

4. 洗涤步骤

（1）将以上离心管放在磁力架上，使 Magne GST™ 颗粒被磁力捕获，移除上清液，该上清液可用于 SDS-PAGE 分析（方法参见实验 14）。

（2）加入 Magne GST™ 结合/洗涤缓冲液 250μL 至上一步骤的离心管中并轻轻上下颠倒数次，使其充分混匀，室温孵育 5min。

（3）再次用磁力架行磁力捕获，小心移除上清液，洗涤液可用于 SDS-PAGE 分析（方法参见实验 14）。

（4）加入 Magne GST™ 结合/洗涤缓冲液 250μL 至上一步骤的离心管中并

轻轻上下颠倒数次，使其混合均匀（注意：该步骤不需要室温孵育 5min）。

（5）第 3 次使用磁力架行磁力捕获，小心移除上清液，洗涤液可用于 SDS-PAGE 分析（方法参见实验 14）。

（6）重复（4）、（5）步骤，共进行 3 次洗涤。

（7）最后一次洗涤后加入 Magne GST^{TM} 结合/洗涤缓冲液 20μL 重悬颗粒。可取 3~5μL 该液体，加入 1×SDS 上样缓冲液 20μL，煮沸洗脱蛋白 5min，进行 SDS-PAGE 分析。

推荐使用 5μL 以上体积的 GST-融合蛋白或 GST 对照蛋白进行下一阶段（第三阶段）pull-down 系统分析。

三、捕获、洗涤并分析目的捕获蛋白（猎物蛋白）技术

（一）捕获步骤

1. 每 5μL 第二阶段获取的 GST-融合蛋白（或 GST 对照蛋白）加入 20μL 第一阶段通过 TNT$^{®}$ T7 Quick 转录/翻译反应制备的产物。

2. 加入 Magne GST^{TM} 结合/洗涤缓冲液 175μL，使其变成 200μL 反应体系。

3. 在室温条件下放置于旋转平台上，室温孵育 1h，使其轻轻混匀（该步骤有助于消除非特异性黏附蛋白和降低背景）。将离心管放入磁力架中，行磁力捕获，小心移除上清液，上清液可保存待进一步分析。

（二）洗涤步骤（注意：最佳洗涤体积及次数可能需要按情况进行优化）

1. 加入 Magne GST^{TM} 结合/洗涤缓冲液 400μL 于上一部分的离心管中，上下轻轻颠倒混匀。

2. 室温孵育 5min，并间断上下颠倒离心管数次。

3. 将离心管放入磁力架中，行磁力捕获，小心移除上清液，并保留上清液有待进一步分析（注意：该步骤获取的上清液很重要，务必保留，用作结果分析）。

4. 加入 Magne GST^{TM} 结合/洗涤缓冲液 400μL，上下轻轻颠倒混匀（注意：该步骤后不需要孵育 5min）。将离心管放入磁力架中，行磁力捕获，小心移除上清液，上清液可保存待进一步分析。

5. 重复 3、4 步骤 3 次，共进行 5 次洗涤。每次移除的上清液都可保存待进一步分析。

（三）洗脱步骤

1. 在上一部分离心管中沉淀中加入 1×SDS 上样缓冲液 20μL。

2. 室温孵育 5min，使其混合均匀。

3. 将离心管放入磁力架中，行磁力捕获，小心吸取洗脱液，保存，并行进一步分析（注意："诱饵蛋白"和"猎物蛋白"复合物就在该洗脱液中，务必保留，

留作结果分析)。

(四)分析步骤

以上各步骤获取的上清液及重要的洗脱液,加入适当蛋白质上样缓冲液后,煮沸 5 min,进行 SDS-PAGE 和 Western blot 分析,即可验证待测蛋白("猎物蛋白")与"诱饵蛋白"之间的相互作用(SDS-PAGE、Western blot 分析方法分别参见实验 14、实验 24)。

另外,如要寻找"诱饵蛋白"所存在的可能的相互作用蛋白,可对上一步的蛋白复合物进行 LC-MS/MS 分析。

【结果与分析】

1. 若待测蛋白("猎物蛋白")与"诱饵蛋白"之间有直接的相互作用,SDS-PAGE 电泳后经考马斯亮蓝染色可在相应位置(对应相应的分子量)观察到"诱饵蛋白"和"猎物蛋白"复合物,最后经 Western blot 验证可出现阳性条带。

2. 思考题

(1)在实验过程中如何减少非特异性结合及降低背景?

(2)为何捕获过程中的上清液需保留做进一步分析?

(3)在诱捕"猎物蛋白"时为何不能让 Magne GST^{TM} 颗粒放置过久?

(4)检测蛋白质相互作用的方法除 GST pull-down 分析外,还有哪些?

【实验应用】

GST pull-down 分析主要用于:①证明一对蛋白分子是否存在直接物理结合;②分析一对相互作用蛋白之间相互作用所必需的结构;③用已知蛋白分子作为诱饵,筛选细胞内与之相结合的未知分子。

举例:用 GST pull-down 分析转录因子 Runx2 与泛素连接酶 CHIP 之间是否存在直接的相互作用。先将 CHIP 与 GST 标签形成 CHIP-GST 融合蛋白,去捕获带有 Myc 标签的 Runx2,收集裂解液和沉淀分别进行 SDS-PAGE 电泳和 Western blot 分析(用 Myc 标签抗体分析),结果见图 3-10。从该图可见,CHIP-GST 融合蛋白可与 Myc-Runx2 结合,Western blot 分析出现阳性条带,说明 Runx2 与 CHIP 之间有直接的相互作用。

【方法学评价】

GST pull-down 分析的优点主要如下。①灵敏度高:因为其对分析的蛋白质有富集作用,可以检测到生物化学方法检测不到的相对较弱的蛋白质之间相互作用;②实验材料比较容易获得,实验周期短;③可以排除其他蛋白的干扰,反映出蛋白质之间直接的相互作用。

但 GST pull-down 分析也存在一些缺点,主要是:该法用于哺乳动物蛋白质之间相互作用的分析时不能完全反映其在天然环境中的状况。

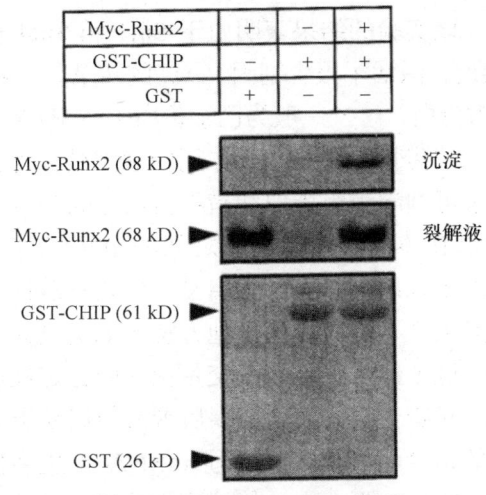

图 3-10　GST pull-down 结果

上方两图为 Western blot 结果，下方为 SDS-PAGE 电泳结果

【知识拓展】

1. 分析蛋白质之间相互作用的方法　目前，常用的分析蛋白质之间相互作用的方法有酵母双杂交、免疫共沉淀（co-immunoprecipitation，Co-IP）、pull-down 分析等技术，近年来还发现一些新的物理技术来分析蛋白质之间的相互作用，如荧光共振能量转移技术、共振光散射技术和表面等离子共振技术、共定位荧光染色技术等。下面主要介绍酵母双杂交技术、免疫共沉淀技术及 pull-down 分析。

（1）酵母双杂交技术：首先由 Fields 和 Song 在 1989 年提出，其是基于对真核细胞转录因子特别是酵母转录因子 GAL4 性质的研究。GAL4 包括两个彼此分离的但功能必需的结构域，即位于 N 端 1-147 位氨基酸残基区段的 DNA 结合域（DNA binding domain，DNA-BD）和位于 C 端 768-881 位氨基酸残基区段的转录激活域（activation domain，AD）。DNA-BD 能够识别位于 GAL4 效应基因（GAL4-responsive gene）的上游激活序列（upstream activating sequence，UAS），并与之结合。而 AD 则是通过与转录机构（transcriptionmachinery）中的其他成分之间的结合作用，以启动 UAS 下游的基因进行转录。DNA-BD 和 AD 单独分别作用并不能激活转录反应，但是当二者在空间上充分接近时，则呈现完整的 GAL4 转录因子活性并可激活 UAS 下游启动子，使启动子下游基因得到转录。

Fields 建立了一个双杂交系统，DNA-BD 与 X 蛋白融合，AD 与 Y 蛋白融合，如果 X、Y 之间形成蛋白质-蛋白质复合物，使 GAL4 两个结构域重新构成，则会启动特异基因序列的转录。他们利用 Snf1 与 Snf4 的相互作用，将 Snf1 与 DNA-BD 融合，Snf4 与 AD 融合，构建在穿梭质粒上，其中 Snf1 是一种依赖于丝氨酸、苏氨酸的蛋白激酶，Snf4 是 Snf1 的一个结合蛋白。研究者将两种穿梭质粒转化酵母 GGY：171 菌株，该菌株含有 LacZ' 报告基因，并已去除相应转录因子基因。该实验的结果表明由于 Snf1 和 Snf4 相互作用使得 AD 和 DNA-BD 在空间上接近，激活了报告基因 *LacZ'*的转录。一般地，将 DNA-BD-X 的融合蛋白称作"诱饵蛋白"（X 一般为已知蛋白），AD-Y 称作"猎物蛋白"，能显示"诱饵蛋白"和"猎物蛋白"相互作用的基因被称为报告基因，通过对报告基因的检测，反过来可判断诱饵蛋白和猎物蛋白之间是否存在相互作用。

酵母双杂交系统能在体内测定蛋白质之间的相互作用，其优点主要如下。①灵敏度高：主要是由于采用高拷贝和强启动子的表达载体使待分析蛋白过量表达；信号测定是在自然条件下进行，而其他方法（如免疫共沉淀等）为达到此条件需进行多次洗涤，降低了信号强度；杂交蛋白质间稳定性可被激活结构域和结合结构域结合形成转录起始复合物而增强，后者又与启动子 DNA 结合，此三元复合体使其中各组分的结合趋于稳定；通过 mRNA 产生多种稳定的酶使信号放大。同时，酵母表型、X-Gal 蛋白表达等检测方法都很敏感。②酵母双杂交系统更接近真实的体内环境：酵母双杂交技术是在真核生物酵母细胞内进行的，使蛋白质更可能处于天然状态，因此该法不仅具有较高灵敏度，而且具有较高的准确度。③操作较为简单、方便：不需要制备抗体、纯化蛋白，只要知道目的蛋白（"猎物蛋白"）的基因序列就可以分析蛋白质之间的相互作用。④DNA-BD 和 AD 融合载体可以进行各种修饰以利于后续蛋白质之间相互作用的验证。

酵母双杂交系统的主要缺点如下。①假阳性较多：在待研究的两个蛋白之间没有发生相互作用时，报告基因仍可被激活。②转化效率偏低：在双杂交鉴定过程中要经过 2 次转化，而酵母细胞的转化效率比细菌要低 4 个数量级。③阴性干扰：在酵母双杂交的应用中也会出现假阴性问题。

（2）免疫共沉淀技术：是以抗体和抗原之间的专一性作用为基础的用于研究蛋白质相互作用的经典方法，其可分析两种蛋白质在完整细胞内的生理性相互作用。该法的基本原理是：细胞裂解液中加入抗体，与抗原形成特异性免疫复合物，经过洗脱，收集免疫复合物，然后进行 SDS-PAGE 及 Western blot 分析。

免疫共沉淀技术的优点主要有：①所分析的蛋白质之间的相互作用是在细胞内天然形成的，反映的是细胞的生理状态。②可以分离得到天然状态的蛋白复合物。

免疫共沉淀技术的缺点主要有：①可能难于检测低亲和力和瞬时蛋白质之间的相互作用。②两种蛋白质的结合可能不是直接的，而可能有其他分子在中间起桥梁作用。③必须在实验前预测目的蛋白以选择最后检测的特异性抗体，若预测不正确，实验就可能得不到结果，因此该方法本身具有一定的冒险性。

（3）pull-down 分析：pull-down 分析中与探针蛋白结合成融合蛋白的标签最常用的是 GST（GST pull-down 分析），除此之外，另一种常用的标签是 6 组氨酸（6×His），该标签可与镍离子琼脂糖珠结合，易于用常规亲和层析法纯化。

pull-down 分析与酵母双杂交、免疫共沉淀技术用于检测蛋白质之间相互作用的主要区别是：pull-down 分析可在体外检测蛋白质之间的直接相互作用。

pull-down 分析的优缺点请参见前面 GST pull-down 分析的"方法学评价"部分。

2. GST pull-down 分析常见问题的解决与改进

（1）融合蛋白不能被有效纯化的问题：GST pull-down 分析能够进行的前提是获得可溶性的融合蛋白。当融合蛋白的表达水平、可溶性等不理想时，可能难以获得足够的纯化蛋白用于结合和沉淀实验。此时，需进行各种条件（包括载体、IPTG 浓度等）的优化，以提高表达水平。若包涵体形成而影响纯化，可通过调整培养温度、pH、IPTG 浓度等以改善融合蛋白的溶解度。若仍然不能获得足量的可溶性蛋白，还可通过采用变性、复性的方式获得标签蛋白，但该法容易引起假阳性。

（2）假阴性问题：出现假阴性的原因可能包括洗涤强度过大，结合不够紧密的蛋白丢失，标签蛋白或被筛选蛋白可能已被降解，蛋白质之间的相互作用可能需要其他辅助因子，GST-融合蛋白或待测蛋白浓度过低等。出现假阴性问题时，可考虑用 ^{35}S 示踪蛋白来提高检测的灵敏度。

（3）背景过高的问题：可通过增加洗涤时间及次数、提高去垢剂的浓度等方法解决，也可以在结合过程中加入 1% BSA 或 0.5% NP40 或 5% IGEPL CA-630 以降低背景。同时，可以考虑减少亲和层析介质的使用。在体外翻译系统中，利用放射性核素标记可排除其他蛋白分子的干扰，降低背景，获得清晰的信号。

（4）标签对融合蛋白空间结构影响的问题：对于已知蛋白，最好根据文献确定克隆策略，以降低标签融合对蛋白结构的影响。对于研究不够明确的蛋白可考虑将标签分别放到靶蛋白"N"端或"C"端，以避免构象改变对结果的影响。

近年来，随着质谱分析系统的迅速发展及融合蛋白标签设计的不断改进，GST pull-down 分析这一传统方法的应用更为广泛。

【学生目标考核】

1. 掌握 GST pull-down 分析的基本原理，知道 GST pull-down 分析是在体外检测蛋白质之间直接相互作用的一种方法，了解何为"诱饵蛋白"、"捕获蛋白"或"猎物蛋白"。

2. 熟悉 GST pull-down 分析的基本操作流程，主要熟悉用转录/翻译反应制备"猎物蛋白"并用 Magne GST^{TM} 磁珠进行磁力捕获的方法（了解其具体操作步骤）；熟悉实验过程中常见问题的解决办法，特别是清楚知道如何降低背景、提高特异性。

3. 掌握 GST pull-down 分析的优缺点。了解检测蛋白质之间相互作用的其他方法，特别是酵母双杂交、免疫共沉淀技术，并通过与 GST pull-down 分析比较，了解酵母双杂交、免疫共沉淀技术的优缺点。

（唐旭东）

第四章 研究应用型实验

经过前面三章实验训练，同学们已掌握各种生物化学与分子生物学常规实验，拥有基本的实验操作技能，具备了一定的理论知识，能够独立完成实验，解决和解释各种实验现象。本章实验主要是检验同学们分析问题、解决问题的能力及综合能力；根据实验要求和目的，设计一个具体可行的实验。通过本章实验训练，有助于提高同学们灵活自如地运用实验来解决具体问题，也只有达到这种境界，才能真正地进入生命科学的大门。

实验 26　实验讨论课

【实验目的】
1. 通过讨论课训练，培养学生分析问题、解决问题的能力；通过实验课堂讨论调动同学们运用理论知识分析处理问题的潜能。
2. 根据讨论要求设计具体的实验指标及实验方案。

【讨论题目】
1. 饥饿 3 天体内糖代谢和脂代谢会发生哪些改变？并分析其变化原因。
2. 针对上述讨论结果设计相关检测指标及获得这些指标的实验方案。

【考查要点】
1. 每写出一个代谢变化给 2 分，写出一个代谢变化的原因给 4 分。
2. 设计正确一个指标给 5 分，设计出相应的实验方案给 10 分。
3. 各项得分加起来就是本次实验的最后得分，得分越高越优秀。
4. 每一个同学为一组，个人独立完成，可以查阅参考书或上网搜索，但同学之间不能相互抄袭，因为考查的就是个人的综合能力。

【实验安排】
提前一周将题目与要求发给同学们，根据要求每个同学在实验课后交上本次实验报告。课堂上，随机抽 4 名同学上台讲解自己的讨论稿，待 4 名同学讲解完后，大家提问，大家讨论、解答。然后老师根据大家的讨论情况做出总结，同时给出参考答案与评分标准。

（刘勇军）

实验 27　文献综述训练

【实验目的】
1. 学习文献综述的撰写方法与基本要求。
2. 掌握查阅中英文文献的方法与技巧。

【综述主题设计】

综述主题设计主要针对学生可能感兴趣的、比较新颖，且学生比较熟悉的事情、事件或话题，也可以是自己将要研究的课题等。

【综述作用】

文献综述是对某一方面的专题搜集大量情报资料后经综合分析而写成的一种学术论文，它是科学文献的一种。文献综述是反映当前某一领域中某分支学科或重要专题的最新进展、学术见解和建议，它往往能反映出有关问题的新动态、新趋势、新水平、新原理和新技术等等。

要求同学们学写综述，至少有以下好处：①通过搜集文献资料的过程，可进一步熟悉科学文献的查找方法和资料的积累方法；在查找的过程中同时也扩大了知识面。②查找文献资料、写文献综述是科研选题及进行科研的第一步，因此学习文献综述的撰写也是为今后科研活动打基础的过程。③通过综述的写作过程，能提高归纳、分析、综合能力，有利于独立工作能力和科研能力的提高。④文献综述选题范围广，题目可大可小，可难可易。对于毕业设计的课题综述，则要结合课题的性质进行书写。

【综述写法】

文献综述与"读书报告"、"文献复习"、"研究进展"等有相似的地方，它们都是从某一方面的专题研究论文或报告中归纳出来的。但是，文献综述既不像"读书报告"、"文献复习"那样，单纯把一级文献客观地归纳报告，也不像"研究进展"那样只讲科学进程，其特点是"综"，"综"是要求对文献资料进行综合分析、归纳整理，使材料更精练明确、更有逻辑层次；"述"就是要求对综合整理后的文献进行比较专门的、全面的、深入的、系统的论述。总之，文献综述是作者对某一方面问题的历史背景、前人工作、争论焦点、研究现状和发展前景等内容进行评论的科学性论文。

写文献综述一般经过以下几个阶段：即选题、搜集阅读文献资料、撰写和修改。

1. 选题　撰写文献综述通常出于某种需要，如为某学术会议的专题、从事某项科研、为某方面积累文献资料等等。所以，文献综述的选题，作者一般是明确的，不像科研课题选题那么困难。文献综述选题范围广，题目可大可小，大到一个领域、一个学科，小到一种算法、一个方法、一个理论，可根据自己的需要而定。

2. 搜集阅读文献资料　选定题目后，则要围绕题目进行搜集与文题有关的文献。关于搜集文献的有关方法，如看专著、年鉴法、浏览法、滚雪球法、检索法等等，在此不述。搜集文献要求越全越好，因而最常用的方法是用检索法。搜集好与文题有关的参考文献后，就要对这些参考文献进行阅读、归纳、整理，如何从这些文献中选出具有代表性、科学性和可靠性大的单篇研究文献十分重要，从某种意义上讲，所阅读和选择的文献质量高低，直接影响文献综述的水平。因此在阅读文献时，要写好"读书笔记"、"读书心得"和做好"文献摘录卡片"。用自己的语言写下阅读时得到的启示、体会和想法，将文献的精髓摘录下来，不仅为撰写综述时提供有用的资料，而且对于训练自己的表达能力、阅读水平都有好处，特别是将文献整理成文献摘录卡片，对撰写综述极为有利。

如果对所选题目不太熟悉，建议：首先阅读相关中文综述文献，主要可以达到快速熟悉题目的目的；接着可以查阅英文综述及研究论著，此时主要扩大文献范围，了解与题目相关的最新研究动态与进展。

3. 撰写　在撰写综述之前，最好对综述的框架有一个全面的设计，比如，打算从题目的几个方面着手写、每个方面打算引用几个实例、如何引出自己的观点或想法、对相关领域有怎样的期望等等。当把整体框架设计好后，具体写就变得容易了，这如同建房子一样。

4. 修改　当综述完稿后，不要急于往外投稿，一定要静下来好好修改一番。修改可以从如下几方面着手。

（1）格式的修改，主要参考相关杂志的稿约要求，另外还有一个最直接的办法，就是从相关杂志中挑选一篇综述，依葫芦画瓢，进行修改。

（2）文字修改，主要从语法、逻辑、用词的专业性及文章专业性等方面进行审查与修改；另外自己修改完后，最好请导师或指导老师修改，这样可以确保综述质量。

写综述是写毕业论文、写科研论文的重要基础，所以综述训练对医学本科生及研究生是非常必要的。最后希望同学们真正开始行动起来。

（刘勇军）